Fritz Heinrich

Über den Stil von Guillaume de Lorris und Jean de Meung

Fritz Heinrich

Über den Stil von Guillaume de Lorris und Jean de Meung

ISBN/EAN: 9783744608848

Hergestellt in Europa, USA, Kanada, Australien, Japan

Cover: Foto ©Thomas Meinert / pixelio.de

Weitere Bücher finden Sie auf **www.hansebooks.com**

AUSGABEN UND ABHANDLUNGEN

AUS DEM GEBIETE DER

ROMANISCHEN PHILOLOGIE.

VERÖFFENTLICHT VON E. STENGEL.

XXIX.

ÜBER DEN STIL

VON

GUILLAUME DE LORRIS und JEAN DE MEUNG.

VON

FRITZ HEINRICH.

MARBURG.

N. G. ELWERT'SCHE VERLAGSBUCHHANDLUNG.

1885.

Dr. Otto Kühn

in Dankbarkeit und Freundschaft

gewidmet.

Es ist bekannt, dass die französische Literatur des Mittelalters kaum ein Werk hervorgebracht hat, welches soviel Verbreitung gefunden, so eifrige Bewunderung auf der einen Seite erregt und so heftige Angriffe [1]) auf der andern erfahren hat, als der Roman de la Rose. Man ist darüber einig, dass es vorzugsweise die Kühnheit seiner Ideen, die Schärfe seiner Satire und seine den Neigungen des dreizehnten und vierzehnten Jahrhunderts entsprechenden Liebestheorieen in ihrem allegorischen Gewande sind, welchen das Gedicht eine so allgemeine Beachtung verdankt. An Analysen und Besprechungen [2]) seines kulturgeschichtlich so interessanten Inhaltes ist deshalb auch kein Mangel, während seine sprachliche und poetische Form noch nicht Gegenstand einer Untersuchung gewesen ist. Es mag daher im Hinblick auf seine Bedeutung gerechtfertigt erscheinen, wenn auch einmal den stilistischen Formen des Roman de la Rose eine eingehendere Betrachtung zu teil wird.

Für eine solche erscheint es vor allem geboten, zwischen der Schöpfung des Guillaume de Lorris und der seines Fortsetzers zu unterscheiden. Wenn auch eine flüchtige Lektüre den Schein erweckt, als sei das Ganze aus einer Feder geflossen, so dürfte es doch gerade bei der im allgemeinen schablonenhaft einförmigen Darstellung von Interesse sein, zu erfahren,

---

1) So von Christine de Pisan und Gerson.

2) Ich erwähne nur die besonders ausführlichen Inhaltsangaben von Paulin Paris in der Histoire littéraire de la France, Band XXIII, von D. Nisard in seiner »Histoire de la littérature française. Paris 1854—61, von C. Lenient in seinem Buche »La satire en France au moyen-âge«. Paris 1877.

inwieweit Guillaume de Lorris und Jean de Meung ihrem Stil
den Stempel des Persönlichen aufgeprägt haben, ob sich hie
und da in der Wahl des Ausdrucks, in dem Vorherrschen
besonderer Formen ein individueller Zug erkennen lässt.

Die vorliegende Untersuchung beabsichtigt, den Stil des
Roman de la Rose ohne Rücksicht auf den Inhalt des Gedichtes
darzustellen, indem sie die ästhetischen Formen der Rede aus-
zuscheiden und nach gewissen Gesichtspunkten geordnet
zusammenzustellen unternimmt. Sie will zunächst nur eine
Sammlung des stilistischen Materials geben; weiterhin etwa vor-
handene stilistische Verschiedenheiten zwischen Guillaume de
Lorris und Jean de Meung nachzuweisen versuchen. In der
Zusammenstellung der Formen wird sie von den bei ihrer Ab-
fassung benutzten Arbeiten ¹) insofern abweichen, als sie den
Versuch machen will, die unter dem Namen der »Tropen« oder
des »bildlichen Ausdrucks« gewöhnlich begriffenen Mittel der
poetischen Rede im wesentlichen auf Metapher und Vergleichung,
als auf ihre Hauptformen, zurückzuführen. Diese Art der Darstellung wird vielleicht eine Uebersicht über den Stil leichter
machen, als die Gruppirung der einzelnen Erscheinungen unter
viele verwandte Begriffe (Personifikation, Allegorie, substan-
tivische, adjektivische, verbale Metapher u. s. f.), zwischen denen
es bis jetzt noch nicht gelungen ist, vollkommen scharfe Grenzen
zu ziehen und einzuhalten.

---

1) Es sind die folgenden: R. Grosse: »Der Stil des Crestien von
Troies«. In den französischen Studien von G. Körting und E. Koschwitz.
Bd. I. p. 127. M. Hannappel: »Poetik Alain Chartiers«. Ebendaselbst
p. 261. Ferdinand Kaulen: »Poetik Boileaus«, ein Beitrag zur Geschichte
der französischen Poesie im 17. Jahrhundert. Hannover 1882. Dr. E. J.
Groth: »Vergleich zwischen der Rhetorik im altfranz. Rolandslied und
in Karls Pilgerfahrt«. Im Archiv für das Studium der neueren Sprachen
und Literaturen herausgegeben von Ludwig Herrig. Bd. 69. p. 391. Ferner
wurden benutzt: W. Wackernagel: »Poetik, Rhetorik und Stilistik«,
herausgegeben von Ludw. Sieber. Halle 1873. Friedr. Theodor Vischer:
»Aesthetik oder Wissenschaft des Schönen.« III. Teil. 2. Abschnitt. Stutt-
gart 1857. Zu Grunde gelegt wurde von mir die Ausgabe des Roman de
la Rose von Francisque Michel. Paris 1864.

Abkürzungen und Zeichen.

L. bezeichnet das Gedicht des Guillaume de Lorris, M. dasjenige des Jean de Meung.

Die eckigen Klammern, [ ], enthalten die aus dem syntaktischen Zusammenhange zu ergänzenden Worte.

Drei Punkte, ..., bedeuten die Weglassung von Satzgliedern oder ganzen Sätzen.

Die einzelnen Beispiele sind mit fortlaufenden Nummern versehen; in ihrer Anordnung ist so verfahren worden, dass das beiden Dichtern Gemeinsame vorangestellt wurde, dann L., und zuletzt M. folgte.

Abschnitt I. Die Metapher.

§. 1. Metaphern, welche sich auf Personen und persönlich gebrauchte Begriffe [1] beziehen.

Amors, li diex d'Amors. 1) Amors prend le *paage* des jones gens L. 22. — 2) [Amors] c'est *maladie* moult cortoise L. 2189. — 3) [Amors] le cuer *justise* L. 3097. — 4) Amors tint [Narcisus] en ses *roisiaus* L. 1447. Aehnlich: 2653. 3386. 3288. — 5) Amors [les] tient en *prison* L. 2631. cf. 1924 [1]). — 6) [Cupido] sema ici d'Amors la *graine* L. 1596. — 7) Amors porte le *gonfanon* de Cortoisie et la banière L. 1956. cf. 1184. — 8) [Li diex d'Amors] *trait* à moi par tel devise Que parmi l'oel m'a au cuer mise *La sajete*

---

1) Unter »persönlich gebrauchten« Begriffen werden hier solche abstrakte Begriffe verstanden, welche in längerem Zusammenhange durch Rede oder Handlung belebt auftreten und dadurch die Bedeutung von wirklichen Personen erhalten. Von diesen werden in §. 2—4 einfach als »abstrakte Begriffe« solche unterschieden, welche nur an der betreffenden Stelle, nicht aber im ganzen Gedichte ihre abstrakte, unpersönliche Geltung verloren haben.

2) Durch »cf.« wird auf die Stellen verwiesen, wo sich derselbe metaphorische Ausdruck findet.

L. 1701. — 9) Amors ne velt autres *oisiaus* [que damoiseles et damoisiaus] L. 1599.

10) Amors qui *soufle* et *atise* La *brèse* qu'il t'a au cuer mise M. 6526. — 11) Fine Amors d'amer est *yvre* Car grant douceur Amor *enyvre* M. 4482. — 12) [Amors] hors de ma teste par *une pele* Quant aus sermons séant m'aguete Par une des oreilles *giete* Quanque Raison en l'autre boute M. 4757. — 13) Amors sagt: mes lasses *estes* Despenai toutes desrompues Tant les ai de duel desbatues M. 10661. — 14) Amors en ses *résiaus* l'enlace M. 21212. cf. 4598. 4719. 21839. — 15) Moult récéus dolereus *hoste* Quant Amors onques *hostelas* Mauvès hoste en ton *hostel* as M. 4727.

Bel-Acueil. 16) Bel-Acueil a trop longue *longe* L. 3588. — 17 En Bel-Acueil n'a ... autre *encloéure* Fors qu'il n'est plains d'envoiséure L. 3598.

Cupido. 18) [Cupido] fist ses *las* environ *tendre* L. 1599. cf. 1621.

Losengier. 19) Li losengier tout le monde par parole *oignent* L. 1045.

Envie. 20) [Envie] *fondoit* d'ire et *ardoit* L. 287. cf. 262—264.

L'amante wird genannt: 21) Le *santuaire* précieus Dont mon cuer est si envieus L. 2320. 2739.

Von *Paor* und *Honte* wird gesagt: 22) Tout li megre du cul lor tremble L. 3656.

Venus. 23) [Vénus] tint un *brandon* flamant En sa main destre, dont la *flame* A eschauffée mainte dame L. 3434. — 24) Vénus, qui tous dis *guerroie* Chasteé L. 3430.

Fortune. 25) [Fortune] ceus, qu'el seult par devant *oindre* Seult ausinc par derrière *poindre* M. 6872. — 26) [Fortune] tant m'*oint* les iex d'un fin *colire* M. 8188. — 27) [Fortune] les uns de richesces *avugle* M. 6031. — 28) [Fortune] est *orfenine* de robe M. 6280. — 29) [Fortune les *tumbe*] autor de sa roe Du sommet envers en la *boe* M. 5014. 4980. 6616. cf. 6030. — 30) [Fortune] lor assiet comme marastre Au cuer un dolereus *emplustre*, Destrempé, non pas de vinaigre Mais de povreté lasse et maigre M. 5016 — 31) Puis li mist [Fortune] au col *la* bride M. 6619. — 32) [Fortune] ses graces *giete* en leu de *poties* Par *putiaus* et *enfangeries* M. 6692. — 33) Tant la tient Fortune en *balance* M. 6697. — 34) Une *taverne* planière, Dont Fortune la *tavernière* Trait *aluine* et *piment* en coupes Por faire à tout le monde *soupes* M. 6948. — 35) Li *gieu de boute-en corroie*, Que Fortune set si partir M. 6985.

Barat. 36) De tout le monde est *empereres* Baras M. 12218. cf. 5523.

Male-Bouche. 37) Male-Bouche, qui anoanime et qui entouche Tous ceus, dont il fait sa matire M. 4111. — 38) Male-Bouche, li *fléutieres* M. 12771.

Jonesce. 39) Ainsinc Délit enlace et maine Les cors et la pensée humaine Par Jonesce, sa *chamberière*, Qui de mal faire est coustumière M. 4590. — 40) [Jonesce], qui de vanités *l'abevroit* M. 4660.

Vieillesce. 41) Il la [vieillesce] lient et *enfergent* M. 4643. *Nature.* 42) Nature en moi mauvès *fil* a M. 21238. — 43) Nature sagt von sich: tout à ma *cordele* tirent M. 19320. *Pécune.* 44) Il languissent en son [de Pécune] *servaige* M. 5333. — 45) Li vaillant homme *l'assaillent* [Pécune] Et la *chevauchent* et porsaillent Et tant *as esperons la batent* M. 5340.

Povreté. 46) Povreté m'a *veé le pas* M. 8075. *Jalousie.* 47) cf. 44. Ne soffrés à nésun fuer, Que Jalousie la sauvage Mete vostre cuer en *servage* L. 4016. — 48) [Qu'il puissent] tous les *chastiaus* despecier Qu'el [Jalousie] osera jamès drecier M. 10826.

Mort. 49) Se mort ne te fait desvaler Ou tens de Jonesce en *sa cave*, Qui moult est ténébreuse et have M. 4639. *Église.* 50) Église, tu es mal-baillie Se ta *cité* est assaillie M. 11292. — 51) Sainte Église, lor *mère* M. 6885.

Eolus. 52) Eolus, li diex des vans, Quant il les [nues] a bien *atelés*, Car il n'ont autre *charretier*, Qui sache lor *chevaus* traitier, Lor met es piez si bones *eles*, Que nus oisiaus n'ot onques teles M. 18323.

In §. 1 erscheint L. verhältnissmässig stark vertreten. Besonders ist es der Begriff der Liebe und ihm verwandte, an welche die Dichter metaphorische Ausdrücke knüpfen (No. 1—15). Am häuflgsten gebraucht hier L. das Bild mit dem Netze, das einzige, welches sich auch bei M. findet (No. 14). M. hat etwas kräftigere Bilder als L. (No. 10—15, besonders No. 12).

Die übrigen metaphorischen Ausdrücke dieses §. beziehen sich bei L. auf andere Begriffe, als bei M., und bewegen sich bei beiden Dichtern mit wenigen Ausnahmen in dem Kreise der gewöhnlichsten Anschauungen.

Das Wort »oindre« gebrauchen beide Dichter metaphorisch (No. 19. 25. 26). Im ganzen unterscheidet sich M. von L. durch einige Kühnheit in seinen Bildern (z. B. in No. 30, 45, 52).

§. 2. Metaphern, welche sich auf abstrakte Begriffe beziehen.

Li cuers. 53) Tel *garnison* [au cuer] avés mise Qui moult le guerroie et justise L. 1999. — 54) Mon cuer seul porquoi i *envoie?* L. 2313. — 55) Li cuer oblit ses dolors Et les *ténèbres*, où il ière L. 2754. — 56) Donte ton cuer et *refrain* L. 3079. 3089. — 57) Cuer ... *volage* L. 3071. — 58) Aiés dedans cuer d'*aïment* L. 4021. — 59) Ses félons cuers *l'art* et *détrenche* L. 265. — 60) Fetes [au cuer] *clef* L. 2002. — 61) Il ne puet son cuer *aploier* à servir L. 2139. — 62) Gardes bien, que tu n'el *prestes* [le cuer] L. 2260. — 63) Feras ton cuer *frire* et *larder* L. 2354. — 64) *Alume* son cuer et *larde* L. 2358. — 65) Li diex d'Amors, qui tout *dépièce* Mon cuer, dont il a fait *bersaut* L. 1828. - 66) J'ai dedans le cuer *enclose* Une moult pesante *maladie* L. 2900.

67) Au departir mon cuer li *lès* Jà ne seront autres mi *lès* M. 4231. — 68) Li aver, qui ne vuelent lor cuer *laver* De la grant ordure et du vice M. 4924. — 69) ... N'en puis-ge mon cuer *refrener* M. 7050. — 70) Se tu as [le cuer] ou mien *planté* M. 7020. — 71) Il ne set si son cuer *polir* M. 6701 — 72) [Avés] les cuers *d'une verye touchiés* M. 9482. — 73) Plus *art* son cuer et *frit* et *larde* M. 4713. 21513. — 74) [Nature] nos cuers *atise* M. 14475. — 75) En vos cuers si les [vers] *fichiés* Qu'il n'en puissent estre *sachiés* M. 16906. — 76) Cuers ... est *entéchiés* M. 9287. — 77) Cuer qui d'Amor sunt *enivré* M. 4735. — 78) Cuers *volages* M. 13945. — 79) Cuer *blécié* M. 10647. — 80) Cuer *porri* M. 10619. — 81) Vous escrivés ou *livre du cuer* ... tous mes enseignemens M. 13821. — 82) [Il] aura le cuer *en balance* M. 16887. — 83) *De* trois *glaives* le cuer lor *percent*: Li premiers est travail d'aquerre, Li secons qui le cuer lor serre, C'est paor qu'en n'es tole ou emble, ... Li tiers est dolor du lessier M. 5315.

Parole, Mot. 84) Lors l'a par parole *asaillis* L. 3545. — 85) Garçons qui ... de paroles le vont *chuant* L. 3642.

86) Moz *mordans* M. 15518. — 87) [Li meschéans] par sa parole *se pent* M. 16862. — 88) ... il en ose un seul mot *tinter* M. 11216. — 89) [Il] sevent [lor maris] bien de paroles *pestre* M. 14744.

Songes. 90) Songes ... qui ne sunt mie *mensongier* L. 3. — 91) Songes, tous *farcis* de plesans mençonges M. 10022.

Es sind nur wenig abstrakte Begriffe, an welche sich bei L. und M. metaphorische Ausdrücke knüpfen. Die meisten gebrauchen beide Dichter von dem Begriff »Herz«, welcher hierbei, besonders von L., vielfach personificirt wird. Gemeinsam

sind hier L. und M. die Ausdrücke: »refrener le cuer« (No. 56
und 69); »cuer volage« (No. 57 und 78); »frire et larder le
cuer« (No. 63, 64 und 73), cf. No. 126.

Auch hier weist M. etwas kühnere Ausdrücke auf: z. B.
No. 68, 70, 77, 80, 81. No. 83 ist ein Beispiel von Metonymie,
wie sie für den Roman de la Rose charakteristisch ist; cf. z. B.:
»sajetes« des »diex d'Amors« L. 1723 ff. Bei No. 86 und 90
ist zu bemerken, dass hier auch Personifikation von »moz« und
»songes« vorliegt.

**§. 3. Vereinzelte metaphorische Ausdrücke, welche sich auf
abstrakte Begriffe beziehen.**

92) Ceus, qui li maus d'amer *enlace* L. 2656. — 93) Bien
seront mi mal *racheté* L. 2479. — 94) [Li solas] ... est moult
... *savoreus* L. 2733. — 95) Lor losenges les gens *poignent Par
derrière dusques as os* L. 1046. — 96) [La clef] est de mon
escrin d'ame 2016. — 97) Ele me *pest* et replenist de joie
L. 2466. — 98) Par un poi que ge ne *fons* d'ire L. 4048. —
99) L'ire et le corrous *despièce* L. 2662. — 100) Il espoire sa
garison [des maux d'amer] L. 2632.

101) Ne savoie, où querre *mire* De ma tristece, ne de
m'ire M. 4235. — 102)[1]) [Fortune] tous les *pest* de gloire vaine
M. 4978. — 103) [Fortune] les *norrist* en ignorance M. 5011. —
104) Il sunt tuit *serf* à lor deniers M. 5280. — 105) La *plaie
doloreuse* De detraccion venimeuse M. 5056. — 106) C'est de
tous maus la *racine* M. 4548. — 107) Il se rent Comme *serf
et chétis et nices* Au *prince* de trestous les vices M. 4545. —
108) *L'ordure* de tous ces vices M. 20190. — 109) Il est *sers*
à trestous les vices M. 19553. — 110) Il vindrent au *port de
salu* M. 17922. — 111) [Il] prent un *mantel d'ypocrisie* Dont
en fuiant son penser cuevre M. 16249. — 112) [J'aim] miex
affubler ma renardie Du *mantel* de papelardie M. 11834. —
113) *L'acier* de forsénerie M. 15857. — 114) [Les ypocrites]
tous vis menguent les homes O *les dens* de detraccion M.
15589. — 115) *Oignemens* d'amors M. 10726. — 116) *Le venin*
... de ma dolor M. 10561. — 117) Mal et péchiés, Dont li

1) Die Metaphern No. 102 und 103 sind nicht unter dem Begriff
»Fortune« in §. 1 aufgeführt worden, weil sie nichts für denselben
Charakteristisches enthalten.

mondes est *entéchiés* M. 5694. — 118) Bien [de ceste amor]
fut li mondes *lavés* M. 5509. — 119) Tant les *art* convoitise et
guile ... M. 5219. 6117. — 120) El ne voit mès richesce *luire*
Oscurcir la convient et fuire, Et quant richesces li *reluisent*
M. 4916. — 121) Faillir [à l'amor] convient et *estaindre* M.
4897. — 122) Ceste [amor] à toute vertu *s'amort* M. 4886. —
123) Cil, qui à cele ovre *s'amordent* M. 4677. — 124) Cis jors
de clarté présente *rit* M. 20332. — 125) [Il] *escorcent* les con-
fessions M. 20165. — 126) Il en *frit* tout de lécherie M. 20127.
— 127) [Dire quelque chose] por ses desloiautés *estaindre*
M. 18061. — 128) Avarice les *avugle* M. 17884. — 129) Avarice, ...
les gens *utice* M. 17880. — 130) Bontes *reluit* en li toute M.
17507. — 131) Jalousie, qui les amans *art* M. 14514. —
132) Amor ... *l'enlace* M. 13992. — 133) S'il fait folie, si la
boive M. 12961. — 134) Sofime, qui la conséquence *envenime*
M. 12465. — 135) *Vives* raisons M. 6450. — 136) *Outrageuses*
cretines M. 18251. — 137) Sens *nus* M. 16351. — 138) *Venimeuse* entencion M. 15591. — 139) Les vois as choses voisines
Doivent estre à lor faiz *cousines* M. 15510. — 140) [La déesse
qui] les péchiés de *nuit* espesse Et les baras de *nues* cueuvre
M. 9691. — 141) [Il vont] les grans richesces *peschant* As say-
nes et as trainaus M. 11201. — 142) Bien puet en *robe* de
colors Sainte religion florir M. 11251. — 143) Qui les manguë
en lor grevance, Il *manguë* son dampnement M. 11683. —
144) Vérités ne quiert nus *angles* M. 11745. — 145) Ge m'i
[au monde] *plonge et afonde* Et m'i aèse et *baigne et noe*
Miex que nus poissons de sa noe M. 12031. — 146) Vous ai
dit du sens *l'escorce* ... Or vous en voil la *moele* espondre
M. 12179. — 147) [Ge] metrai le cors et l'avoir Voire certes
l'ame *en balance* M. 15107. — 148) Sol foïr ... est *médicine*
[de cesti *venin*] M. 16935. — 149) La nuit ... fait [des estoiles]
ses *chandeles* Au soir quant de met sa *table* M. 17245. —
150) [Il] deslient le *neu* de ceste question M. 17601. — 151) Ceste
amor est en tel *balance* M. 4894. — 152) [Ceste emor] or est
clere or est oscure Si tost cum dovreté l'afuble De son hideus
mantel onuble M. 4912. — 153) Tout metoit en une *balance*
Bonne aventure et meschéance Et les faisoit égal *peser* M.
5978. — 154) En foi bons champions M. 12232.

Wie wir es noch später bei den Vergleichungen beobachten
werden, so können wir schon hier wahrnehmen, dass M. mehr
als L. es liebt, tropischen Ausdruck mit abstrakten Begriffen
zu verbinden. Zwei metaphorische Ausdrücke L.'s in diesem
§. finden sich auch bei M.: »enlacer« (No. 92), bei M. in No. 39

und 132; »pestre« (No. 97) bei M. in No. 102. »La clef« (No. 96) kommt noch vor in No. 60; »despièce« (No. 99) in No. 65. Folgende metaphorische Ausdrücke kommen bei M. an mehreren Stellen vor: »être serf« in No. 104, 107, 109; »il art« in No. 73, 119, 131; »luire« in No. 120, 130; »estaindre« in No. 121, 127; »avugler« in No. 27, 128; »atise, atice« in No. 74, 129; »envenimer, venimeux, venin« in No. 37, 116, 134, 138; »être en balance« in No. 82, 147, 151, 153; »mantel« in No. 111, 112, 152.

§. 4. Metaphern, welche an die Stelle von abstrakten Begriffen getreten sind [1]).

A. Ausdrücke für die Bezeichnung des menschlichen Charakters.

155) Je n'i lesse mie atouchier Chascun vilain, chascun *porchier* L. 1947.

156) Nule tele *beste* ne doit estre amie clamée M. 4693. — 157) Li chétis *boterel* terrestre M. 5285. — 158) Die »Larrons« sagen von sich: Dehors semblons *agniaus* pitables, Dedens somes *leus* ravissables M. 12038. — 159) S'il a ... de tex *loviaus* Entre ces apostres noviaus, Eglise, tu es mal-baillie M. 11290. — 160) Vous faites de moi *chape à pluie* M. 8652. — 161) Biau très-douz fiz, *bele char tendre* M. 13322.

B. Ausdrücke für die Bezeichnung eines menschlichen Seelenzustandes.

162) Sous ceste clef sunt mi *joiau* L. 2014. — 163) En regardant aviveras le *feu ardent* L. 2355. — 164) Ce est ma *mors*, ce est ma *vie*, De nule riens n'ai plus envie L. 2917. — 165) *Garis* fust qui or la véist L. 2502. — 166) Comment hons ... puet vivre un mois en tel *enfer* L. 2606. — 167) [Solaus], fai départir la *nuit* obscure Et son anui, qui trop me dure L. 2515. — 168) Le *feu*, qui l'art et qui l'alume L. 2362.

---

1) Diese Metaphern sind von den in den beiden vorigen Paragraphen aufgeführten insofern zu unterscheiden, als ein abstrakter Begriff ganz durch sie ersetzt wird, während er vorher nur durch die Metapher belebt wurde.

169) Il *art* tous jors de plus aquerre M. 5193. — 170) [Vous passerés] parmi la *flambe* qui tout art M. 13071. — 171) [Avarice] les fait vivre en tel *martire* Qu'il n'est riens qui lor puist soffire M. 17882. — 172) Détors, metaphorisch gebraucht M. 22167.

C. Ausdrücke für menschliche Tätigkeiten.

173) Il *geue* as gens et parole L. 3601.
174) Se li glous ne *chalemelast* Paor et Honte me célast M. 7406. — 175) *Plumer* [homes riches] M. 13428. 14018. — 176) Les faisoie *desfriper* M. 13091. — 177) Les nomerai sans ordre, Por plus tost *à ma rime mordre* M. 10594. — 178) Dame, certes bien me *paiés* M. 5824. — 179) [De dons] *pestre* [quelqu'un] M. 14065. — 180) S'ele plusors en *acroche* ... M. 13922.

D. Metaphern für verschiedene Begriffe.

181) [El sunt] par lor *ordes vies soilliées* M. 4681. — 182) Quant il lerra *l'essil présent* ... M. 5143. — 183) Çà-jus en ce mondain *désert* M. 6471. — 184) La bèle chaène dorée, Qui les quatre élémens enlace M. 17105. — Metaphorisch gebraucht werden die Worte: »Venins« M. 9290, »Chemins et sentiers« M. 13295, »Rosier« und »roses« M. 7735. 7759. 7773.

§. 5. Metaphern, welche an die Stelle von längeren abstrakten Ausdrücken und Sätzen getreten sind.

A. Ausdrücke für die Bezeichnung menschlicher Seelenzustände und Charaktere.

185) Cele, qui a ton cuer *en garde* L. 2588. — 186) La bele, qui ton cuer *emble* L. 2706. — 187) Tours jors en vostre cuer *vivroie*, Et se devant moi moriés, Tous jors ou mien *revivriés* M. 8285. 8293.
188) Quant ele oit bruire le vent Ou el *ot saillir deus langotes*, Si l'en prennent *fièvres et gotes* L. 3896. — 189) Or sui chéois, ce m'est avis, De grant *enfer en paradis* L. 3365. 3802. — 190) En plusors sens seras destrois, Une hore *chaus* et autre *frois* L. 2287. 3209. — 191) Si li [à l'ami] desclos *l'encloéure*, Dont ge me sentoie encloé L. 3124. — 192) Me merveil, Comment hons, s'il n'iere de *fer*, Puet vivre un mois en tel *enfer* L. 2604.
193) Cil qui *sires est de la foire* Doit par tout *prendre son tolin* M. 13467. — 194) Vous avés trop *le bec jaune* M. 13135. — 195) Voil ma parole abrégier, Por vos *oreilles alégier*

M. 19788. — 196) Tant *ai ridé la face,* Qu'il n'ont garde de
ma menace M. 13248. — 197) Le *brandon sentirés* M. 13074. —
198) *Maus gans de mes mains enformoi* M. 8637. — 199) Bien
voi, *de quel pié vous clochiés* M. 9483. — 200) Moult sunt en
moi *mué li vers* M. 11378. — 201) Que donra, qui son *coutiau
lèche?* M. 11563. — 202) Sor lor *espaules lor posent* [griés
faiz], Mais o lor *doi movoir nes osent* M. 11938. — 203) Ge
remès en la *balance* M. 4275. — 204) Vous [vous] baignerés
en *l'estuve,* Où Venus les dames *estuve* M. 13072. — 205) Il
me virent *sous la roe* de Fortune *abatu* M. 8180. — 206) Garder
la propose, Tant que *la bouche li soit close* Et que male mort
l'acravant M. 4944. — 207) Se tu viaus bien eschever Qu'Amors
ne te puisse grever, . . . Ne puis *buevre* si bon *breuvage* Comme
penser de li foïr M. 4365. — 208) Ta *nef* vendra, quant si
bien *nages,* à bon *port* M. 10535. 13081. 16707.

B. Ausdrücke für menschliche Tätigkeiten.

209) Il béent faire tant par lor flavele, Qu'il vous *traient*
à lor *cordele* L. 4058. — 210) [Li faus] m'avait *prise* à sa
corde M. 14827.

211) Tost porroie *issir* de la *voie* L. 2057. — 212) [Veillesce]
les ramaine à droite *voie* M. 4608. — 213) Tous li mondes *vait*
ceste *voie* M. 4355. — 214) *Passer* vous convient ceste *planche*
M. 6676.

215) [Honte ne s'est mie bien poignie], de toi garder et
tenir court L. 3557. — 216) Mal se fait a tel *rain tenir* M.
8867. — 217) [Il] la *tient corte* M. 9614.

218) Je lor vodré *chièrement vendre* L. 1978.

219) Ge le vodroie avoir pendu, Qui si m'a mon *poivre
espandu* M. 8010. - 220) Dames lor *braceront* tel *poivre* M.
11051. — 221) A cui *parés-vous* ces *chastaignes?* M. 8650.
10775. — 222) [Li vrais Diex] ne sert pas la gent de tel *sause*
M. 18099. - 223) Ge vous ferai d'autel *pain soupe* M. 14537.

224) Si fais chéoir dedans mes *pièges* le monde M. 11380.
— 225) Vez, de quiex *fers* li las *s'enferge* M. 19555. — 226)
Estre prises à *l'ameçon* M. 21913. — 227) Advocas et phisicien
Sunt tuit *lié* de cest *lien;* . . . Trestuit à ceste *hart se pendent.*
M. 5210. — 228) Les *bras au col* doit l'en *mener,* Son anemi
pendre M. 7563. ·· 229) [Améor] qui les dames soloient prendre
As *las,* que lor voloient *tendre,* Tant que par lor miséricorde
Lor ostassent *du col la corde* M. 7614. Aehnliche Beispiele:
M. 7779. 13149. 13910.

230) Puis-ge *voler* avec les *grues?* Voire *saillir* outre les
nues? Cum fist li cine Socratès? M. 5544. — 231) [Il] cuide

prendre ou ciel la grue Quant il se met ilec en mue M. 4564. —
232) Nous estudions, Par quele *eschiele* il puet monter ... De
s'eschiele les *eschilons* Ainsinc copons, et l'essillons De ses amis
... M. 11968, 72. — 233) Li méistes ès *pies eles* M. 15896. cf. 52. —
234) Emprise a merveilleuse paine: Il bée à *boivre toute Saine*
M. 5200.

235) A son avis morte seroit, Se ne li *sailloit de la bouche*,
S'il i a péril ou reprouche M. 16685. — 236) Li las, qui en li se
fie Savés-vous qu'il fait? il *se lie Les mains* et *se cope la
geule* M. 16696.

237) Quant onc osai tel *champ arer* ... M. 11747. 21597. —
238) Avés-vous *terres à partir?* M. 8672. — 239) Sai que
n'avés pas *vendu* Tout vostre *bois* gros et menu M. 10387. —
240) El fait si volentiers Qu'el le *trace par tous sentiers* M.
4632. — 241) Vous *n'enterrés* jamais ès *lices* M. 20191 —
242) Onques ne fu m'entencion, De parler contre home vivant
... *De quelque robe qu'il se cueuvre* M. 15571. — 243) *Mettre*
la veillent *en broche* M. 13923. — 244) A tous doit *son croc
atachier* M. 13915.

C. Metaphern für verschiedene abstrakte Sätze.

245) Qui en cel *miréor* se mire Ne puet avoir garant de
mire, Que tel chose à ses iex ne voie, Qui d'amer l'a tost mis
en voie L. 1583. — 246) [Li Rois célestres] C'est li biaus miroers
ma dame M. 20217. — 247) El scet toute la vielle *dance* L. 3946. —
248) Dès or est moult *changié li vers* L. 3771. — 249) Male-
ment est *changiés li vers* M. 9626.

250) Quant *Atropos vous enforra* M. 20215. — 251) [1]) Enfans
qui coilliés les floretes Et les frèses fresches et netes, Ci gist *li
frois serpens* en l'erbe. Fuiés, enfans, car il enherbe Et em-
poisonne ... — 252) Lors est *tornée* la *roéle* M. 9610. — 253) Se
bien retenus les [comans] as, Tu n'as pas *gcté ambesas* M. —
254) Prise [ta seignorie] sera sans cop sentir De mangonel, ne
de perrière, Sans desploier au vent banière M. 11299. —
255) Pense d'aillors enraciner Les *entes*, où tu vués fruit prendre
M. 11313. — 256) G'en pren le *grain* et laiz la *paille* M. 11373.
— 257) De folie m'entremetroie, Se en lit *à chien suing
querroie* M. 11564. — 258) Cil sunt moult *à cler semé* M.
17765. — 259) [Diex] tous *peseroit* à pois oni M. 17498. —
260) Ce sera chose *sous pierre* M. 16843. — 261) Sans *beste
vendre* M. 13328. — 262) [Il cuida] par ses doctrines *Faire
leschier miel sor espines* M. 13310. — 263) Lors t'aurai *le neu*

1) Diese Metapher ist aus Virgil, Bucolica, eclog. III. v. 92 ent-
nommen.

desnoé Que tous jors troveras *noé* M. 4303. — 264) N'ois n'i
soiés ne véus Tant que cis *vens* soit tous *chéus* M. 7452. —
265) D'autre part c'est bien plaine chose, Ge ne vous i metrai
jà *glose*, Ou *texte* vous poés fier M. 7700.

§. 6. Metaphern, welche sich auf Concretes beziehen.

A. Der menschliche Körper und seine Teile.

266) [Il] ot la langue moult *punese* Et moult *poignant* et
moult *amere* L. 3528. — 267) Sa langue *desloiaus* et *fauce*
M'a porchaciée ... L. 3805. — 268) Langues *cuisans* et *veni-
meuses* et *nuisans* M. 16984. — 269) [Il] éust la langue *doblée*
En diverses *plicacions*, A trover escusacions M. 18441. —
270) Langue doit estre *refrenée* M. 7172, 7177, 7192, 12504, 16980.
271) Se vostre main, qui m'a navré Ne me donne la
garison ... L. 1922. — 272) Mains *esperitiex* M. 11791.

273) Les yex ot si envoisiés, Qu'il *rioient* tous jors avant
Que la bouchete par convant L. 850. — 274) Tu vodras moult
ententis estre A tes iex *saouler* et *pestre* L. 2349. — 275) Li
oel cum droit *messagier*, Tout maintenant au cuer envoient
Noveles de ce que il voient L. 2750. — 276) Ge sai bien, par
quel *poison* Tu seras tret à *garison* L. 2043. — 277) Onques
fièvres n'éus si males Vermaus une hore, une autre pales L.
2289. — 278) [Un] baisier ... qui me mist une *odor au cors*
L. 3783. — 279) Quant g'i puis mes piés envoier Après, por
mon *cuer convoier*, Se mi *oil mon cuer ne convoient* L. 2315.

280) Tuit se *plongent* en lor lermes M. 6175. — 281) En
nos plors n'ot ne *frains* ne *brides* M. 10674. — 282) Plor de
fame n'est fors *agait* M. 13702. — 283) Por riens hons ne me
pleroit Qui de son cors *marchié* feroit M. 7774. — 284) [Il] fait
sa voiz *voler* as vens M. 9518. — 285) Garde les *portes* de ta
bouche M. 17014.

B. Tiere.

286) *Lais d'amors* et *sonnés* cortois Chantoit chascun oisel
en son *patois* L. 708. — 287) [Il avoit] grans *escoles* De
roietiaus et torteroles L. 651. — 288) Cil oisel chascun matin S'estudient en lor *latin* M.
8548. — 289 [Connins] aloient entre eus *tornoiant* L. 1309.

C. Leblose Gegenstände der Natur.

290) Trop par estoit la terre *cointe*, Qu'ele ière *piolée* et
pointe De flors de diverses colors L. 1415. - 291) [Il] sachierent

des *entrailles* [de la terre] Ses anciennes répostailles M. 9710. —
292) [Il] firent ... la terre *escorchier* M. 9709. — 293) ... il
vous fust avis, que la terre Vosist emprendre *estrif et guerre*
Au ciel d'estre miex *estelée* Tant iert par ses flors revelée M.
8565. — 294) De haus loriers et de haus pins Refu tous
pueplés li jardins L. 1361. — 295) La prée d'erbe et de flors
enluminée M. 10156.

296) Encor ai au cuer *enclose* La douce savor de la Rose
L. 3787. — 297) Avoit la color pale et *morte* L. 433. —
298) Chardon *félon* et poignant M'en aloient moult esloignant
L. 1683. — 299) [La floiche fu] de *felonie* toute *tainte* et *enve-*
nimée L. 968. — 300) Amors a moult bien la pointe D'un
oignement précieus ointe L. 1857. — 301) Quant les nues
raparçoivent, Que l'air si *resbaudi* reçoivent, Adonc se *resjoïssent*
eles, Et por estre *avenans* et beles Font *robes* après lor dolors
... Et metent lor *toisons* séchier M. 18304. — 302) [Les nues]
filent, et quant ont filé Si font voler de lor *filé* Grans aiguillies
de fil blanches Ausinc cum por coudre lor *manches* M. 18314. —
303) [Les nues] font ateler lor *chevaus* M. 18320. — 304) Il
reprent [aux nues] *corage* D'aler loing en *pélerinage* M. 18318.
— 305) Le noir *mantel* qu'el [les nues] ont vestu M. 18241.

306) [La mer] n'est tiex qu'ele ose *grondir* Ne ses floz
faire rebondir M. 19268. — 307) Par béhordéis de vans Les
undes de mer eslevans Font les flos as nues *baisier* M. 19264. —
308) [Les iaues] toutes de puor *escumans* M. 6155. — 309) Iaues
si *docereuses*, Si *savourées*, si *mielleuses* ... M. 6110. — 310) Les
ruissiaus *vivens* estancha M. 20451. — 311) [Dui flueves], qui
moult sunt de diverses *vaines* M. 6109. — 312) [Li fluns] mène
tel *grondillement* M. 6127. — 313) La mer *grouce* et *tance*
M. 6051. — 314) [Li flos] maintes fois tant i cotissent, Que
toute en mer la roche *ensevelissent* M. 6055. — 315) Li flos
... tous jors à [la roche] se *combatent* M. 6052. — 316) [Fon-
taines] qui sordent par estranges *vaines* M. 20799.

317) Des durs vens les *assaus* orribles M. 6218. — 318) Li
dolereus vens de bise A contre li *bataille* emprise M. 6164.
6168. — 319) [Zéphirus] *fauche* les floretes et la verdure, A
l'espée de sa froidure M. 6069. — 320) *Plorer a grosses lermes*
Refont [les tempestes] l'air en diverses termes M. 18236.

321) Une roche ... qui sus la mer en haut *se lance* M.
6048. — 322) La roche ... aucune fois *se redespoille* M. 6056. —
323) [La roche] *saut* en l'air et si *respire* M. 6059.

324) [Les floretes] *flambotent* par les herbages M. 20284. —
325) A plusors vont les flors *morir* M. 6083. — 326) Devroient
apeler ce livre Le »*Miroer* as amoreus« M. 10803. — 327) Li
poisson, qui lor flueve sivent ... car se sunt lor propres *maisons*

M. 18259. — 328) [L'arbre] est de foilles *orphenine* M. 6079. —
329) Les autres estrumens, Qui sunt *piliers* et *argumens* A
soustenir nature humaine M. 7096. — 330) Quant les chanes
vous *assaudront* ... M. 14864. — 331) En haut, ou chief de
la montaigne ... *Descent* la maison de Fortune M. 6206. —
332) [Si solaus] la nuit en *essil envoie* M. 20876. — 333) Cierge
qui ne fut pas de cire *vierge* M. 19806.

§. 4 und 5 bestätigen die Beobachtung, dass vorzugsweise
M. Abstraktes durch bildlichen Ausdruck zu versinnlichen liebt.
Es finden sich hier bei ihm sehr mannigfaltige metaphorische
Ausdrücke für abstrakte Gedanken. In §. 6 dagegen tritt L.
wieder mehr in den Vordergrund. M. hat in diesem §. eine
grosse Anzahl Naturbilder (No. 305 f.). No. 248 und 249 zeigen
bei beiden Dichtern das gleiche Bild. In No. 268 kehrt der
metaphorische Ausdruck von No. 37, 116, 134, 138, in No. 270
der von No. 56 und 69 wieder.

§. 7. Unpersönliche Dinge, welche persönlich belebt werden.

A. Abstrakte Begriffe.

Cuers, sens. 334) Ses felons cuers l'art et détrenche
L. 265. — 335) Vers le bouton tant me tréoit mes cuers
L. 1735. — 336) Ne pooie refuser, ce que mes cuers me com-
mandoit L. 1766. — 337) Qui toutes hores son cuer croit ...
L. 3083. — 338) Li cuer oblit ses dolors et les ténèbres, où il
ière L. 2754. — 339) G'i puis mes piés envoier, ... Por mon
cuer convoier L. 2315. — 340) Mon cuer seul porquoi i envoie? L. 2313.

341) Lermes les cuers de tiex gens sachent M. 7622. —
342) Onques cuers loiaus nel déçut M. 7433. — 343) Jà n'iert
mes cuers d'autre doés M. 7355. — 344) [Amors] de ton cuer
les iex avugle M. 7034. — 345] Moult i entendist volentiers
Mon cuer et plus en apréist M. 4288. — 346) Voldront li cuer
... gésir En oiseuses et en délices M. 17843. — 347) Se ses
cuers l'en pressast ... M. 12618. — 348) Ses cors n'avoit pas
péchié, Quant li cuers ne volt le péchié M. 8770. — 349) Mon
fol cuer son travail a mis ... M. 8257. — 350) Li cuer se des-
voient M. 9065. — 351) Le sens ... fait à son mestre compaignie M. 8466. — 352) Si sui par mon fol sens traïs M. 8258.

Nature. 353) Foilles ... que Nature par grant mestire
I ot assises tire à tire L. 1670. — 354) [Une color] com Nature
la pot plus faire L. 1668. — 355) Nature ... ot dedens la

pierre escrite ... letres petites L. 1443. — 356) Dedens une
pierre de marbre Ot nature par grant mestrise Sous le pin la
fontaine assise L. 1440.

357) Nature rit ... quant hic et hec joignent ensemble
M. 22150. — 358) Tous jors Nature retorra, Jà por habit ne
demorra M. 14344. — 359) Nature ou cuer ne se muce M. 14331.

A m o r s. 360) Amors n'a cure d'omme morne L. 2188. —
361) Amors a moult bien la pointe D'un oignement précieus
ointe L. 1857. — 362) Amors le me prie et commande L. 33.

363) Qui sus amis treroit s'espée N'auroit-il pas l'amor
copée? M. 5050. — 364) Amors autre chose n'atant, Ains s'art et
se délite entant M. 4399. — 365) Se loial amor ne ment ... M. 8283.

V e r s c h i e d e n e a b s t r a k t e B e g r i f f e. 366) Se *mavestié*
ne le te tost ... L. 2037. — 367) Se *mavestié* ne le te tost ... M. 4192.

368) *Espérance* par soffrir vaint L. 2639. — 369) Moult est
Epérance cortoise L. 2643.

370) Li *songes* recontoit L. 30.

371) *Coveitise* ne set entendre A riens qu'à l'autrui acro-
chier L. 192. 190. 191. 194.

372) *Cointerie* n'est mie orguiex L. 2147.

373) *Li tens* qui noient ne dure, ... Car il gaste tout et
menjue L. 377. 374. — 374) *Li tens* s'en va ... sans repos
prendre L. 361.

375) Nus qui de gré jus ne se boute, Ne puet [au] jambet
[de *Fortune*] chéoir M. 6019. — 376) Gar que *Fortune* ne
t'abate M. 6004. — 377) Quant *Fortune* fait ses esfors M. 6007.

378) *Richesce* qui le déçoit M. 5093. — 379) [La] nature
[des *richesces*] est, que doivent corre, Por la gent aidier et
secorre M. 5304. — 380) Les *richesces* ... se vengent honorable-
ment, Car après eus honteusement Les traïnent, sachent et
hercent, De trois glaives le cuer lor percent M. 5309. 5312. —
381) De lor *avoir* [il] ont fait lor mestre M. 5284.

382) *Jonesce* bout homme et fame M. 4552. — 383) La
bone ... où *jonesce* tent M. 14765. — 384) *Viellesce* ... qui
chascun jor de nous s'apresse M. 14768.

385) La *nuit* ... fait ses chandeles [des estoiles et de la
lune] M. 17245. — 386) Tant sache [au jor] la *nuit* luitier M.
20329. — 387) Icel *jor* ... ne nous toldra fors que le cors M. 8274.

388) Li *ciex* vers moi s'aquitent M. 19280. — 389) As *cieux*
desplaist et anuie Tens de tempeste et tens de pluie M. 18300. —

390) *Biauté* se puet trop peu garder M. 8461.

391) [Ma *biauté*] qui ces valez faisoit triper M. 13090. —
392) *Mors* son droit des cors prendra M. 8273. — 393) La
male *mort* l'enosse. M. 11570.

394) La *place*, qui de traïson ot la face M. 12332.

395) *L'Université* qui lors ière Endormie, leva la chière, Du bruit du livre s'esveilla N'one puis gaires ne someilla M. — 396) Lor *ames* qui laborent Et par le monde ainsinc s'encorent M. 18760. – 397) Ses *vices*, qui le sens li troble et enivre M. 18184. — 398) *Argument* ... a robe religieuse M. 11207. — 399) Le *voloir* tous jors en porte M. 9282. — 400) Povre besongneus, cui *honte* a si la bouche close que ... M. 8233. — 401) *Indigence*, qui si ses hostes désavance M. 8324. — 402) Dessous [l'abit] *orgoil* n'abit M. 12276. — 403) *Loquence* qui bret et crie M. 12532. — 404) Ainsinc *délit* enlace et maine Les cors et la pensée humaine M. 4590.

B. Concrete Gegenstände.

α. Tiere.

405) Lors s'esvertue et lors s'envoise Li papegaus et la kalandre L. 76. — 406) Les oiselés ... qui de chanter moult s'engoissoient ..., jolis, gais et pleins de léesce L. 101.

407) [Oisiaus et poissons] sunt si très-bon escolier, Qu'il traient tout à mon colier M. 19310. — 408) [Li poisson] s'en vont comme seignor et maistre M. 18260. 18290. — 409) [Il] tolent as bestes sauvaiges ... lor héritaiges M. 18264. — 410) [L'aube du jor] qui tout ... fait [à oisiaus] les cuers muer M. 8551.

β. Leblose Dinge.

411) Sajetes ... d'aler loing prestes L. 1319.

412) Sajetes barbelées, De grans promesses empenées M. 16130. — 413) [Targe] qui fust nomée Doute de male Renomée M. 15784. 15638. — 414) De traïson une potence M. 12413. — 415) Espée avoit de plésant vie M. 15793. 15782. 15837. — 416) Escu d'aise ... bordé de solas et de joie M. 15794. 15653. 15719. 15814. 15841. 15859. 15914. — 417) De larrecin et un bordon ... De triste pensée roussi, Escharpe ol plaine de soussie M. 12398. — 418) Une coie espée M. 15808. — 419) »Arc« und »floiches« werden persönlich belebt M. 13382.

420) Quant li oel sunt en déduit Il sunt si apris et si duit, Que seus ne sevent avoir joie L. 2745. — 421) Li oel ... au cuer envoient Noveles de ce que il voient L. 2750. — 422) Moult ont au matin bon encontre li oel L. 2737. — 423) Le santuaire précieus, De quoi [li oel] sunt si envieus L. 2739. — 424) Se vos iex devant eus plorent, Ce vous iert moult grant avantage M. 7593. — 425) Iex qui parées les voient M. 9064.

426) Li solaus qui tout aguete L. 1551. — 427) Li biau solaus de ses rais Vous essuera cors et face M. 6653. —

428) Li solaus les [ars célestres] piole M. 18343. 18850. —
429) L'iaue esbanoiaut L. 127. — 430) Fontaines sorabondans
et covertes Comme dolentes de lor pertes M. 18278. — 431) L'en
ne voit boisson ne haie, Qui en mai parer ne se voille Et
covrir de novele foille L. 50. — 432) [L'arbre] en fruit porter
se déporte M. 6077. — 433) Contre la vigne estrive l'orme Et
li tolt du roisin la forme M. 6098. — 434) L'olive, qui doit
estre empreignant et vive M. 6094.

435) La terre méismes s'orgoille Por la rousée qui la moille
Et oblie la poverté, Où ele a tote l'yver esté L. 55. — 436) La
terre miex se prise L. 66. — 437) Lors devient la terre si gobe,
Qu'el volt avoir novele robe L. 59. — 438) [La terre] seet si
cointe robe faire, Que de colors i a cent paire ... L. 61. —
439) Cis miréors m'a décéu L. 1617. — 440) Maint vaillant
homme a mis à glaive cis niréors L. 1587. — 441) Ses umbres
l'ot si trahi, que ... L. 1794. — 442) Li leus d'oisiaus her-
bergier L. 478.

443) [Les nues] un arc en lor poing prendre seulent, Ou
deux ... qui sont apelés »ars célestre« M. 18338. — 444) [Les
nues] plorent si parfondément, Si fort et si espessement, Qu'el
font les flueves desriver M. 18246. — 445) S'en ont si grant
pitié les nues, Que s'en despoillent toutes nues Ne ne prisent
lors un festu Le noir mantel qu'el ont vestu M. 18238. —
446) [La chalor et li movemens aus nues] fait les ventres crever
M. 18209. — 447) Les nues, quant lasses sunt et recréues
M. 18832. — 448) Quant l'air verroient forsener ... M. 18001. —
449) Zéphirus ... sur mer chevauche M. 6068. — 450) [Li vens]
les fons et les plaingnes fait entr'eus batailler M. 6168-70. —
451) Li dolereus vens de bise A contre li bataille emprise
M. 6164. — 452) La roche ... se desguise et se treschange,
Tous jors se vest de forme estrange M. 6062. — 453) Li flos ...
tous jors à la roche se combatent M. 6052. — 454) [Ceste robe
cousteuse] qui tant me griève et ataïne M. 8986. — 455) [La
maison] d'une part se tient orguilleuse ... D'autre tremble
toute esfraée, 'Tant se sent foible et esbaée M. 6236. — 456) Si
n'est rage de vent ... qu'il ne ... conviengne soffrir [à la maison]
M. 6211. — 457) Clarté joicuse M. 17263. — 458) Chapelez
renvoisiés M. 8561.

Im vorhergehenden §. sind die metaphorischen Ausdrücke
von No. 366 und 367 L. und M. gemeinsam.

Das persönlich Belebte ist nicht· überall Subject: N. 339,
344 u. s. w. No. 344, 395, 398 zeichnen sich durch
Kühnheit aus. Die Art, abstrakte Begriffe als concrete zu

gebrauchen, wie wir sie in No. 412 f. finden, ist für Jean de Meung bezeichnend. In erweitertem Gebrauche werden solche abstrakte Begriffe dann noch persönlich belebt und zu den sogenannten allegorischen Personen, deren Gespräche fast den ganzen Rom. d. l. Rose ausfüllen. Ein Verzeichnis derselben folgt anbei.

Anhang.

Alphabetisches Verzeichnis der bei L. und M. vorkommenden allegorischen Personen [1]).

I. Guillaume de Lorris.

Amis 3121. Avarice 195.
Bel-Acueil 2804. Biau-Semblant (Pfeil des Liebesgottes) 953. Biautés (allegorische Person) 996. Biautés (Pfeil des Liebesgottes) 942.
Chasteé 2858. Compaignie (Pfeil des Liebesgottes) 948. Cortoisie (allegorische Person) 784. Cortoisie (Pfeil des Liebesgottes) 1773. Coveitise 169.
Dangiers 2839. Désespérance (Pfeil des Liebesgottes) 971. Diex d'Amors 870. Dous-Parlers 2683. Dous-Pensers 2657. Dous-Regars 910.
Envie 235.
Félounie 152. Franchise (allegorische Person) 1197. Franchise (Pfeil des Liebesgottes) 946.
Haïne 139. Honte (allegorische Person) 2848. Honte (Pfeil des Liebesgottes) 970.
Jalousie 2872. Jonesce 1267.
Largèce 1133. Léesce 734.
Male-Bouche 2847. Mesfez 2853.
Novel-Penser (Pfeil des Liebesgottes) 972.
Oiseuse 584. Orguex (allegorische Person und Pfeil des Liebesgottes) 965.
Paor 2848. Papelardie 407. Pitié 3261.
Raison 2987. Richesce 1021.
Simplece (Pfeil des Liebesgottes) 944.
Tristece 291.
Vénus 3430. Viellece 339. Vilénie (Pfeil des Liebesgottes) 967. Vilonie 156.

---

1) Unter I sind diejenigen allegorischen Personen aufgeführt, welche L. eingeführt, und M. grösstenteils mit herübergenommen hat, unter II diejenigen, welche M. allein angehören. Die Verszahlen bezeichnen die Stelle, wo die betreffende Person zum ersten Male auftritt.

II. Jean de Meung.

Ars 16336.
Baras 5274. Bien-Céler 10605.
Chevance 11484. Contrainte-Astenance 10605. Cuers-faillis 9686.
Délis 10601.
Faux-Semblant 10606. Foi 19927. Fole-Largesce 8038. Franc-Voloir 17789.
Génius 16604. Gentillesce 6695.
Habonde 18744. Hardemens 10600. Honors 10600. Humilité 10604.
Larrecin 9681. Laverne 9688. Leidors 9115.
Male-Aenture 9668.
Nature 16212. Naturel Franchise 19190. Noblesce de cuer 10598.
Pacience 10604. Péchiés 9668. Porchas 11486. Povreté.
Sains-Esperis 12221. Séurtés 10602.

Abschnitt II. Die Vergleichung.

Unter dem Namen »Vergleichung« fassen wir Vergleich und Gleichnis zusammen, da sich beide nur äusserlich in ihrer Ausführlichkeit, nicht aber in ihrem Wesen (cf. Kaulen, Poetik Boileaus p. 44) unterscheiden. Eine Trennung beider hätte auch bei unserer Einteilung nach dem Gegenstande, auf welchen sich die Vergleichung bezieht, Anlass zu Wiederholungen gegeben.

§. 8. **Vergleichungen, welche sich auf lebende Wesen beziehen.**

A. Vergleichung von Personen.

α. Aeussere Eigenschaften und Zustände.

1) Von schönen Menschen wird gesagt: Il sembloient tout por voir anges empennés L. 728. — 2) Il sembloit que ce fust uns anges Qui fust tantost venus du ciau L. 906. — 3) El fu si cointe·et si tifée, El resembloit déesse ou fée L. 3437 — 4) [Ele] fut clere comme la lune, Envers qui les autres estoiles Resemblent petites chandoiles L. 1000. 1246. — 5) Il resembloit une painture, Tant ere biaus et acesmés Et de tous membres bien formés L. 816. — 6) Ere blanche comme nois L. 1199. — 7) Blanche fu comme flor de lis L. 1005. — 8) Bien resembloit rose novele de sa color L. 844. — 9) Fu

simple comme uns coulons L. 1204. — 10) Simple fu comme
une espousée L. 1004. — 11) Ele ière nue comme vers L. 445. —
12) Ge les voie les jengléors Plus cras qu'abbés, ne que priors
L. 2567. — 13) En pensant t'entrobliéras Et une grant pièce
seras Ainsinc cum une ymage nue, Qui ne se crole ne remue
L. 2295.

β. Innere Eigenschaften und Zustände.

14) Ge resemble le païsant, Qui giete en terre sa semence
Et a joie quant ele commence A estre bele et drue en herbe,
Mès ainçois qu'il en coille gerbe, L'empire, tele hore est, et
grième Une male nue qui criève, Quant li espi doivent florir
Si fait le grain dedens morir, A l'espérance au vilain tost, Qu'il
avoit éue trop tost. Si crieng ausinc avoir perdue Et m'espérance et m'atendue, Qu' Amors ... L. 3970. — 15) Tout
ausinc come la lumière Les ténèbres devant soi chace, Tout
ausinc Dous-Regars esface Les ténèbres, où li cuers gist, Qui
nuit et jor d'amor languist L. 2756.
16) M'amie est autresi froide Cum en un pez et aussi roide,
Que quant ge por baisier i touche, Toute me refroidist la bouche
M. 21276. — 17) [La damoisele] le vaillant homme arrière
boute Et prent le pire de la route, Là norrist ses amours et
couve, Tout autresinc cum fait la louve, Cui sa folie tant empire,
Qu'el prent des lous trestout le pire M. 7902. — 18) Tous jors
doit fame metre cure Qu'el puist la louve resembler, Quant el
vuet les berbis embler M. 13903. — 19) [Prodefame] c'est oisel
cler-semé en terre, Si légièrement cognoissable Qu'il est au cine
noir semblable M. 8847. — 20) [Contrainte-Astenance] resembloit, ... Le cheval de l'Apocalipse Qui sénefie la gent male,
D'ypocrisie tainte et pâle, Car ce cheval sor soi ne porte Nule
color fors pâle et morte. D'itel color enlangorée Iert Astenance
colorée M. 12388. — 21) Il lor est vis qu'el n'ont mestier
D'estre aprises de lor mestier ... Si cum li chas set par nature
La science de surgéure Ne n'en puet estre destornés, Qu'il est
tous à ce sens tornés N'onques n'en fu mis à escole. Ainsinc
fait fame, tant est fole M. 10104. — 22) [1] Nus viex senglers
hériciés Quant des chiens est bien aticiés, N'est si crueus, ne
lionesse Si tristre ne si félonesse, Quant li venierres qui l'assaut
Li renforce en ce point l'assaut, Quant el alaite ses chaiaus, Ne
nus serpens si desloiaus Quant l'en li marche sus la queue,
Qui du marchier pas ne se geue, Cum est fame, quant ele trueve
Son ami o s'amie nueve M. 9932. — 23) Cil qui vuet sa fame batre

---

1) Diese Vergleichung ist entlehnt aus Ovid, art. amat. lib. II. v. 373.

... c'est cil qui pour aprivoisier Bat son chat et puis le rapele Por
le lier à sa cordele M. 9874. — 24) Si di por ma parole ovrir, Qui
vodroit un femier covrir De dras de soie ou de floretes Bien co-
lorées et bien netes, Si seroit certes li femiers Qui de puir est
coustumiers Tex cum avant estre soloit. Et se nus hons dire
voloit: Se li femiers est lais par ens Defors est-il plus biaus
parens, Tout ainsinc les dames se perent Por ce que plus
beles en perent, Ou por lor lédure respondre M. 9048. — 25) Je
voi, que qui cheval achète N'iert jà si fox, que riens i mete,
Comment que l'en l'ait bien couvert Se tout n'el voit à des-
couvert. Par tout le regarde et descuevre. Mès la fame si
bien se cuevre, Ne jà n'i sera descouverte, Ne por gaaigne,
ne por perte, Ne por solas, ne por mésèse, Por ce sans plus,
qu'el ne desplèse Devant qu'ele soit espousée M. 8810. —
26) Ainsinc cum fait li oiselierres, Qui tent à l'oisel comme
lierres Et l'apele par dous sonnés, Muciés entre les buissonnés,
Por li faire à son brai venir, Tant que pris le puisse tenir.
Li fox oisiaus de li s'aprisme, ... Si cum fait li cailliers la
caille, Por ce que dedens la rois saille, Et la caille le son es-
coute Si s'en apresse et puis se boute Sous la rois, que cil a
tendue, Sor l'erbe en printens fresche et drue, Se n'est aucune
caille vielle, Qui venir au caillier ne veille, Tant est eschaudée
et batue, Qu'ele a bien autre rois véue, Dont el s'ert espoir
eschapée, Quant ele i dut estre hapée Par entre les herbes
petites. Ainsinc les vielles devant dites ... De loing lor aguez
aparçoivent, Par quoi plus envis les reçoivent M. 21874. —
27) Qui prendroit, biau filz, un chaton, Qui onques rate ne
raton, Véu n'auroit, puis fust noris, Sens jà véoir ras ne soris,
Lonc tens par ententive cure De délicieuse pasture, Et puis
véist soris venir, N'est riens, qui le péust tenir Se l'en le
lessoit eschaper, Qu'il ne l'alast tantost haper. Trestout ses
mez en lesseroit Jà si fameilleux ne seroit; N'est riens qui pez
entr'eus féist Por poine que l'en i méist. Qui norrir un polin
sauroit, Qui norrir un polin sauroit, Qui jument véue n'auroit
... Ainsinc est-il, biau filz, par m'ame! De tout home et de
toute fame, Quant à naturel apétit M. 14358-14407. — Zwei
weitere Vergleichungen dieser Art finden sich: M. 13467 und
14262.

28) S'est plus cornar qu'un cers ramés Riches hons, qui
cuide estre amés M. 4928. — 29) En ce cas n'est-il mie sages,
Ne quels est uns biaus cers ramages M. 4934. — 30) A Socrates
seras semblables, Qui tant fu fers et tant estables, Qu'il n'iert
liés en prospérités, Ne tristes en aversités M. 5974. — 31) L'en
te devroit en un putel Tooiller cum un viex panufle M. 6511. —
32) Onques fromage de gaain Miex ne se cuit qu'il [les portiers]

se cuiront M. 7675. — 33) Si cum li loirres afaite Por venir
au soir et au main Le gentil espervier à main, Ainsinc sunt
afaitié par dons A doner grâces et pardons Li portier as fins
amoreus M. 7659. — 34) Cil ne puist eschaper De lor mains
en nule manière, Tant qu'il ait fait sa darrenière, Si cum cil,
qui geue as noiaus Tant lor doint deniers et joiaus M. 14039. —
35) [Tel papelart] c'est li mastins qui gloutement Retorne à
son vomissement M. 12288. — 36) [Béguins] qui resemblent
borce à caillier M. 12264. — 37) [Jalousie] est si crueuse et si
gloute, Que tel chose vuet avoir toute, S'ele en lessoit à chascun prendre, Qu'el ne la troveroit jà mendre, Moult est fox
qui tel chose esperne, C'est la chandele en la lanterne, Qui
mil en i alumeroit Jà mains de feu n'i troveroit. Chascuns
set la similitude, Si moult n'a l'entendement rude M. 7546. —
38) A Dédalus prenent exemple, Qui fist eles à Ycarus ...
Tout autel font cil à Pécune, Il i font eles por voler M. 5345.
5349. — 39) Li roi resemblent les paintures, Dont tel exemple
nous apreste Cil qui nous escrit l'Almageste, Se bien i savoit
prendre garde Cil qui les paintures regarde. Qui plèsent cui
ne s'en apresse, Mès de près la plésance cesse M. 18887. —
40) In Bezug auf einen Betrüger wird gesagt: L'en ne voit pas
tous jors le leu, Ains prent bien ou tart la berbis, Tout la gart
l'en par les herbis M. 12819. — 41) Von scheinheiligen Personen heisst es: Qui de la toison dan Belin En leu de mantel
sebelin Sire Ysangrin afubleroit, S'il o les brebis demorast,
Cuidiés-vous, qu'il n'es dévorast? M. 11278. — 42) Nus ours,
quant il est bien betés N'est si chétis ne si alés Cum vous
serés s'ous i alés [au repentir] M. 10275. — 43) Cil dui comme
folz garçonnés Roz et flerges et paonnés Et chevaliers as gieus
perdirent Et hors de l'eschiquier saillirent, ... d'estre mat
n'avoient-il garde M. 6790. — 44) Eschec et mat li ala dire
Desus son destrier auferrant Du trait d'un paonnet errant Ou
milieu de son eschiquier M. 6779. 45) D'Ercules vous péust
membrer, Quant il vol Cacus desmembrer, Trois fois à la
porte assailli Trois fois hurta, trois fois failli, Trois fois
s'assist en la vallée, Tout las, por avoir s'alenée, Tant et
soffert paine et travail. Et ge qui si tant me travail ...
Sui bien, ce cuit, autant lassés Cum Hercules et plus assés
M. 22004. — 46) Ausinc cum fait li bons léchierres Qui des
morsiaus est congnoisierres Et de plusors viandes taste En
pot, en rot, en soust, en paste, En friture et en galentine,
Quant entrer puet en la cuisine; Et set loer et set blasmer,
Liquex sunt dous, liquex amer, Car de plusors en a goustés.
Ausinc, sachiés et n'en doutés, Que qui mal essaié n'aura,
Jà du bien gaires ne saura; Et qui ne set d'onor que monte,

Jà ne saura cognoistre honte M. 21936. — 47) [Metre vous
en prison o li] Ne seroit autre chose faire Fors que par amoretes
fines Metre renart o les gelines M. 15331. — 48) Quant [Bel-
Acueil] vous reçut en sa porprise Il vous cuidoit faire servise,
Et vous tendés à son damage Par foi! tant en a chien qui nage
Quant est arrivés s'il aboie M. 15217. — 49) C'est li fox poisson
qui s'en passe Parmi la gorge de la nasse, Qui, quant il s'en
vuet restorner, Maugré sien l'estuet séjorner A tous jors en
prison léans, Car du retorner est néans; Li autres qui dehors
demorent, Quant il le voient, ici acorent Et cuident que cil
s'esbanoie A grant déduit, à grant joie, Quant là le voient
tornoier, Et par semblant esbanoier Et par ice méismement
Qu'il voient bien apertement Qu'il a léans assés viande Tele
cum chascun d'eus demande, Moult volentiers i enterroient.
Si vont entor et tant tornoient, Tant i hurtent, tant i aguetent,
Que truevent le trou et s'i getent; Mès quant il sunt léans venu,
Pris à tous jors et retenu, Puis ne se puéent-il tenir, Que
hors ne voillent revenir, Là les convient à grant duel vivre
Tant que la mors les en délivre. Tout autel vie va quérant
Li jones hons, quant il se rent M. 14300.

B. Vergleichung des menschlichen Körpers und seiner Teile.

50) La face avoit comme une pomme Vermoille et blanche
toute entour L. 808. — 51) Rose sus rain ne noif sor branche
N'est si vermeille ne si blanche [que son cors et sa face] M. 16562.
52) [Face] bele cum flor de Lis en mai novele. — 53) La
char plus tendre qu'uns pocins L. 528. — 54) S'ot la char
tendre Qu'en la li péust toute fendre A une petitele ronce
L. 845. — 55) Tendre ot la char comme rousée L. 1003. —
56) Les yex ot plus vairs c'uns faucons L. 533. — 57) Li oel
qui en son chief estoient, A deus estoiles ressembloient L. 2993.
— 58) Ot les iex rouges comme feu L. 2935. — 59) La gorgete
ot autresi blanche Cum est la noif dessus la branche, Quant
il a freschement négié L. 545. — 60) Sa teste estoit chenue
Et blanche, comme s'el fust florie L. 346. — 61) Cheveus ot
blons com uns bacins L. 527.
62) Ses biaus crins blondoians Comme undes ensemble
ondoians M. 21516. — 63) Saturne ... cui Jupiter copa les c......
Ausinc cum se fussent andoilles M. 5664. — 64) [Li ventres]
est li merveilleus triangles Dont l'unité fait les trois angles
M. 19450. — 65) [Membre] plus olans que pomme d'embre
M. 21125.

C. Vergleichung von Tätigkeiten.

66) Les véissiés entre aus deus Baisier comme deus columbiaus L. 1282. — 67) Cum deus columbiaus s'entrebaisent M. 21550.
68) Il chantoient un chant itel. Cum s'il fussent espéritel L. 667. — 69) Chantés comme une seraine M. 8614. — 70) [Il] s'escrie cum forcenés L. 2937. — 71) As esté sans mot sonner Lez li, cum fox et entrepris L. 2380. — 72) Ele corut comme desvée L. 3541. — 73) Comme chien honteus en un coignet [il] se cropoit L. 454. — 74) Sor costé t'estovra torner Une hore envers, autre hore adens, Cum fait hons qui a mal as dens L. 2442. — 75) Tressaudras au revenir en effraor, Ausinc cum hons qui a paor L. 2302. — 76) Li diex d'Amors ma séu Endementiers en agaitant, Com li venieres qui atant, Que la beste en bel leu se mete, Por lessier aler la sajete L. 1428.
77) Tu plores Cum alambic sus alutel M. 6509. — 78) Qui me tient, que ge ne vous froisse Les os cum à poucin en paste A ce pestel ou à cest haste M. 9501. — 79) Et la contrefait comme singes M. 16350. — 80) Prie et requiert et demande Comme mendians et truande M. 16340. — 81) Comme leus les déveurent M. 11854. — 82) Se desfent comme liépars M. 15723. — 83) Ravissent com uns escofles M. 14037. — 84) [Fortune] les aleite comme mere, Qui ne semble pas estre amere M. 4970. — 85) [Fortune] s'en joe à la pelote Comme pucele nice et sote M. 6684. — 86) [La vielle] de vous promener ne fine, Si cum l'en fait destrier à vendre M. 9498. — 87) Sécorciés-vous par devant Aussinc cum por cuillir le vent M. 21022. — 88) Jà puist estre home aséur, De li [le cuer de fame] tenir par nule paine, Ne plus que s'il tenoit en Saine Une anguille parmi la queue, Qu'il n'a pooir qu'el ne s'esqueue, Si que tantost est eschapée, Jà si fort ne l'aura hapée M. 10045.

Die Betrachtung der Vergleichung bei L. und M. lässt deutlichere Unterschiede zwischen beiden Dichtern zu Tage treten, als sie bei der Metapher erkennbar waren.

In §. 8 ist zu bemerken, dass M. Vergleichungen für körperliche, äussere Eigenschaften fehlen (α), während er deren einen grossen Vorrat für abstrakte Dinge hat. §. 8. A. β zeigt eine sehr starke Vorliebe von M. für die Vergleichung, besonders die ausführliche (No. 22. 24. 25. 26. 27. 45. 46. 49). L. hat nur ein einziges Beispiel einer längeren Vergleichung: No. 14.

Sämmtliche ausführlichen Vergleichungen M.'s von No. 16-27 beziehen sich auf die Frauen und entstehen aus der Satire, welche der Dichter gegen dieselben schleudert.

Sehr realistisch und barock ist M. in den Vergleichen No. 25, 31, 32, 35, 36, 63, 64, 77, 78.

In §. 8 A lässt sich kein Vergleich zwischen L. und M. ziehen, da sich eben die Vergleichungen dem Inhalte nach nicht berühren. Bei B hat M. nur drei Vergleichungen, welche auf körperliche Schönheit gehen: No. 51, 62 und 65. Das Bild der Rose und des Schnees für das Roth und Weiss der Haut-farbe wendet auch L. an (No. 6, 8 und 51), hat aber noch manche andere Anschauungen, um die Zartheit der Haut zu versinnlichen: die Lilie (52), das Küchlein (53), die Empfind-lichkeit der Haut gegen einen Dorn (54), den Thau (55) zieht er zum Vergleich heran.

Unter C kommt dasselbe Bild eines Taubenpaares für zwei, die sich küssen, bei beiden Dichtern vor (No. 66 und 67). No. 68 und 69 zeigen verschiedene Vergleiche für dieselbe Tätigkeit: M. neigt hier, wie wir es auch noch später beobachten werden (§. 10), mehr der Anspielung zu, während L. sich mit einem gewöhnlicheren Ausdruck begnügt. Auch die Vergleiche L.'s in No. 70-75 sind wenig gewählte, besonders No. 75.

§. 9. Vergleichungen, welche sich auf leblose Dinge beziehen.

A. Vergleichung von concreten Gegenständen.

89) L'iaue ... aussi froide Comme puiz ou comme fontaine L. 110. — 90) Les iaues en sunt ensoufrées Ténébreuses, mal savorées Comme cheminées fumans M. 6152.

91) Bouton qui sent miex que basme L. 2795. 3784. — 92) La rosele qui oloit miex que violete L. 1763. — 93) [Le bouton de rose] la coc et droite comme jons L. 1673. — 94) Les délitables florctes ... tant sunt fresches, tant sunt noveles Cum esteles reflamboians M. 20271. 6064. cf. 57. — 95) Les flors en olent miex que basme M. 12998. 10727. — 96) [La floiche] iert trenchans cum rasoir d'acier L. 1856. —

97) [La pierre] iert dure cum aïment L. 3854. — 98) La gravele qui paroit au fons plus clere qu'argens fins L. 1534. — 99) [Li ars] estoit plus noirs que mores L. 918. — 100) Li fust estoient et li fer Plus noirs que déables d'enfer L. 963. — 101) Yrnage ... aussi vert com une cive L. 200. — 102) Et por faire la chose entendre Un essample vous voil apprendre: Ainsinc com li miréors montre Les choses qui li sunt encontre ... Trestout ausinc vous dis por voir, Que li cristal sans décevoir Tout l'estre du vergier accusent L. 1561. — 103) Tout en autretel manière Comme la pierre de l'aiment Trait à soi le fer soutilment Ainsinc atrait les cuers des gens Li ors qu'en donne et li argens L. 1164.

104) Une coiespée ainsinc cum de langue copée M. 15808. — 105) Bien puet l'en en leu de glose A briez moz un exemple metre Por miex faire esclaircir la letre. Si cum li voirres tresparens, Où li rais s'en passent par ens, Qui par dedens ne par derrière N'a riens espès qui les reflère, Ne puet les figures monstrer Quant riens ne puéent encontrer Li rais des yeux qui les retiengne, Par quoi la forme as yeux reviengne, Mès plonc ou quelque chose espesse Qui les rais trespasser ne lesse, Qui d'autre part metre vorroit Tantost la forme retorroit, Ou s'aucuns cors polis l i[e]re Qui poïst reférir lumière, Et fust espès d'autre ou de soi, Retorroit-ele, bien le soi: Ainsinc la lune en sa part clere, Dont est resemblable à l'espere Ne puet pas les rais retenir, Par quoi luor li puist venir M. 17174. — 106) [Li solaus] se tient ou milieu comme rois M. 17232. — 107) [Li vens la fleuve] fait les fons et les plaingnes Saillir en guise de montaignes M. 6168. — 108) [Cil charboucles] c'est li solaus qu'il ont léans M. 20873. — 109) [Les nues] s'enfuient comme des vans M. 18322. — 110) Diex ... quant il biauté mist en Nature Il en fist une fontaine, Tous jors corant et tous jors plaine, De qui toute biauté desrive M. 16552. — 111) Autant cum par sa grant valor, Soit de clarté, soit de chalor, Sormonte li solaus la lune, Qui trop est plus troble et plus brune, Et li noiaus des nois la coque ... Tant sormonte ceste Évangile Ceus, que li quatre évangélistres Jhésu-Crist firent à lor tistres M. 12134. — 112) Dons de fames, à dire voir Ne sunt fors laz à décevoir M. 14750.

B. Vergleichung von abstrakten Begriffen.

113) La mer n'iert jà si apaisie, (Qu'el) ne soit troblée à poi de vent, Amors si se change sovent L. 3504. — 114) C'est l'amors, qui vient de Fortune, Qui s'esclipse comme la lune,

Que la terre obnuble et enumbre, Quant la lune chiet en son umbre, S'a tant de sa clarté perdue Cum du soleil pert la véue; Et quant ele a l'umbre passée, Si revient toute enluminée Des rais, que li solaus li monstre, Qui d'autre part reluist encontre. Ceste amor est d'autel nature Car or est clere or est oscure; Si tost cum povreté l'afuble De son hideus mantel onuble, Qu'el ne voit mès richesce luire, Oscurcir la convient et fuire; Et quant richesces li reluisent, Toute clere la reconduisent M. 4902. — 115) Amors est ... Caribdis la périlleuse M. 4317.

116) Li tens qui ne puet séjorner Ains vait tous jors sans retorner, Com l'iaue qui s'avale toute, N'il n'en retorne arrière goute L. 374. — 117) Souspirs et pointes et friçons Qui poignent plus que hériçons L. 2338. — 118) N'i a si petite chose ..., Dont démonstrance ne soit faite, Cum s'ele iert ès cristaus portraite L. 1575. — 119) Mes si cum li ombre ne pose En l'air oscurci nule chose Fors défaillance de lumière, Trestout en autele manière En créature ou bien desfaut, Mal n'i met riens fors pur desfaut M. 6440. — 120) Cis ot les cuers plus durs que pierre M. 6319. — 121) Li mariniers, qui par mer nage Cerchant mainte terre sauvage, Tout regarde-il à une estoile, Ne queurt-il pas tous jors d'un voile; Ains le treschange moult souvent Por eschever tempeste et vent. Ausinc cuers qui d'amer ne cesse, Ne queurt pas tous jors d'une lesse M. 7690. — 122) Chascune qui les [mots obscènes] va nommant Les apele ne sai comment ... Ausinc cum ce fussent espines M. 7282. — 123) [Les choses ici contenues] sunt trufles et fanfelues M. 20669. — 124) [Biauté] tantost a faite sa vesprée Com les floretes en la prée M. 8462. — 125) Il n'i covendroit jà grant ost, Comme il feroit à Charlemaigne S'il voloit conquerre Alemaigne M. 8059.

Eine ausgedehnte Vergleichung des Glückes mit einem Felsen im Meere bietet M. 6048—6205.

In diesem §., wie im vorigen, lässt sich als Hauptunterschied zwischen L. und M. die Neigung des letzteren zu langen Vergleichungen bezeichnen: No. 105, 111, 114, 119, 121, und die langgedehnte Vergleichung v. 6048-6205.

Inhaltlich berühren sich die Vergleichungen beider Dichter wenig; man wird bei M. poetischere Bilder finden (No. 114, 119, 121). Den Duft der Blumen vergleichen beide Dichter mit »Balsam«: No. 91 und 95, L. hat aber auch hier, wie gewöhnlich bei der Beschreibung des Schönen und Angenehmen, noch einen anderen Ausdruck (No. 92). Die funkelnden Sterne gebraucht M. (No. 94) als Bild für frische Blumen, L. (No. 57) passender für schöne Augen. Bei L. ist auch No. 100 insofern bemerkenswert, als das Bild eines concreten Gegenstandes hier einmal eine abstrakte Beimischung enthält, denn »plus noir que déables d'enfer« dürfte wol nicht rein concret zu nehmen sein.

Was die Form der in §. 8 und 9 aufgeführten Vergleiche betrifft [1]), so ist der häufigste Ausdruck für die Verbindung des Verglichenen mit dem Bilde bei beiden Dichtern das einfache »comme« oder »cum«: bei L. in No. 4. 6. 7. 9. 10. 11. 50. 52. 55. 58. 61. 66. 70. 71. 72. 73. 74. 76. 93. 94. 96. 97. 116; bei M. in No. 31. 62. 67. 69. 77. 78. 79. 80. 81. 82. 83. 84. 85. 90. 105. 109. 114. 124. 125. Weniger oft wenden beide Dichter folgende Zusammensetzungen mit »cum« und »que« an: »Ainsinc cum« (L. in No. 13. 102; M. in No. 26. 104. 122); »autresi cum« und »tout autresinc cum« (L. in No. 59; M. in No. 16. 17); »ausinc cum« und »tout ausinc cum« (L. in No. 15. 75. 89. 101; M. in No. 46. 63. 87); »si que« (L. in No. 54; M. in No. 42. 51); »plus que« (L. in No. 12. 53. 56. 96. 99. 100. 117; M. in No. 28. 65. 88. 120); »miex que« L. in No. 91. 92; M. in No. 32. 86. »Sembler« und »ressembler« dienen auch beiden Dichtern zur Verbindung: L. in No. 1. 2. 3. 4. 5. 8. 14. 57; M. in No. 18. 59. 95. 99. Auch ohne Vergleichswort führen beide Dichter Bilder ein: L. in No. 113. M. in No. 40. 43. 44.

L. allein ist eigen die Form »comme se« No. 97. 98. 119; und der in No. 105 vorkommende Ausdruck »tout en autres manieres comme«.

M. dagegen wendet mehrere Formen an, die L. nicht ....

(No. 121. 24); »ne que« (No. 29); »en guise de« (No. 107).
Ferner leitet M. die Vergleichung ein durch »prendre exemple à«
(No. 38), »vous péust membrer de« (No. 45). Er stellt einmal
auch das Bild einfach mit »mès« neben den verglichenen Gegenstand (No. 25). Besondere Verbindungen des Gegenstandes
mit dem Bilde hat M. in No. 47. 48. 110.

Eine ausdrückliche, längere Einführung der kommenden
Vergleichung findet sich bei L. nur in No. 102: »et por faire
la chose entendre, un essample vous voil apprendre«; bei M. in
No. 24: »si di por ma parole ovrir« und in No. 105: »Bien
puet l'en en leu de glose, en briez moz un exemple metre, por
miex faire esclaircir la letre«.

Endlich ist es eine Eigenthümlichkeit von M., hin und
wieder das Bild dem Gegenstande, welchen es veranschaulicht,
voranzustellen: No. 22. 24. 25. 26. 46.

§. 10. **Vergleichungen, welche eine Schätzung ausdrücken** [1]).

A. Angemessene [2]) Vergleichungen.

«. Vergleichung von Personen in Bezug auf ihre Tätigkeiten
und Zustände.

126) Ge le congnois cum un denier L. 3146. — 127) Il a
plus poine, Que n'ont hermite ne blanc moine L. 3061. —
128) Tant par estoit de grant viellune, Qu'el n'alast mie la
montance De quatre toises sans potance L. 358. — 129) Ge
... m'en esjoï Si durement quant les oï, Que n'en préisse pas
cent livres Se le passuge fu délivres, Que je n'entrasse L. 487.

130) Adès vaut miex amis en voie, Que ne font deniers
en corroie M. 5066. — 131) Onc linz, se ses iex i méist, Ce
que ge vi, pas ne véist M. 8194. — 132) Povreté set le chemin

---

1) Da jede Schätzung einen Vergleich des Geschätzten mit dem zur
Schätzung benutzten Begriffe einschliesst, so werden in diesem §. auch
solche Sätze aufgeführt, welchen die äussere Form der Vergleichung fehlt,
die aber dem Sinne nach eine solche enthalten.

2) Mit diesem Worte sollen derartige Vergleichungen bezeichnet
werden, welche ein in der Wirklichkeit mögliches Verhältnis aussprechen,
im Gegensatze zu den unter B aufgeführten, welche eine Uebertreibung
enthalten.

Miex par cuer que par parchemin M. 10350. — 133) Plus m'ont menti li flatéor(s) Et fois et seremens jadis, Qu'il n'a de sainz en paradis M. 14109. — 134) Il en ont plus d'avantages, Que cil qui cort as cers ramages M. 18974. — 135) [Diex d'Amors] plus se vuet vers mes euvres traire, Que ne fait fer vers aiment M. 19657. — 136) Plus en a les mains manières C'onques n'ot Amphion de Thèbes M. 21401. — 137) Forgier savoit miex c'onques Dédalus ne sot M. 21749. — 138) Miex parroit uns ribaus de Grieve Séur et seul par tout aler ..., Que li rois o sa robe vaire M. 5399. — 139) Mainfroi ... Henri ... Corradin, Qui firent pis que Sarradin De commencier bataille amere M. 6881.

β. Vergleichung von Personen in Bezug auf ihre Eigenschaften.

140) Vous estes plus simple ... que torterele ne coulons M. 8656. — 141) [Fame] plus bele que fée M. 10091. — 142) [Valez et damoiseles] plus envolsiés que papegaus M. 10239. — 143) Cis me fait pis que uns loviaus M. 19371. — 144) Lors si serai mortel pechierres Voire, par Diex, pire que lierres M. 4770. — 145) Sui-ge plus sage que Tulles? M 5538.—

γ. Vergleichung von Körperteilen.

146) Je ne vous sai du nés que dire, L'en n'el féist pas miex de cire L. 853.
147) [Le vis] plus noir que more M. 8682. — 148) S'il éussent iex de lins M. 9072. cf. 131.

δ. Vergleichung von leblosen, concreten Gegenständen.

149) [L'iaue] estoit peu mendre de Saine. Mès qu'ele ière plus espandue L. 112. — 150) Vestue ot une sorquanie, Qui ne fu mie de borras, N'ot si bele jusqu'à Arras L. 1216. 151) [L'espée] plus fu clere que nul béril M. 15840. — 152) Mitre plus clere que cristal ne vitre M. 19796. — 153) [L'iaue est] plus clere qu'argens fin M. 20749. — 154) Haire, qui plus est aguë et poingnans ... Que ne seroit uns pélicons De piaus velus hériçons M. 20541. — 155) La plus grant montaigne Qui soit entre France et Sardaigne M. 18474. — 156) Il n'en croist nule tele [lance] en Bière M. 15648. — 157) Li uns [tonneaus] est dous et l'autre amer, Plus que n'est suie ne la mer M. 10786.

ε. Vergleichung von abstrakten Begriffen.

158) Lors aurés le cuer plus dolant Qu'onques Karles n'ot por Rolant, Quant en Ronceval mort reçut Par Guenelon qui

le déçut M. 8004. — 159) Crées-les [dits] comme paternostres
M. 16077. — 160) [Lor dit sunt] voir cum istoire M. 16075. —
161) [Les paroles] croient ausinc cum ce fust Évangile M. 4997. —
162) [Barat et guile] ausinc voir cum Évangile M. 21851. —
163) [La chose] dont mon cuer fera gregnor feste, Que de
trestout l'or d'Alixandre M. 15125. — 164) Il sormonteroit de
largece Le roi Artus, voire Alixandre, S'il éust autant à des-
pendre D'or et d'argent come cil orent, Onques cil tant donner
ne sorent Que cil cent tans plus ne donast M. 12987. —
165) Se mestre Argus li bien contens I vosist bien metre ses
cures Et venist o ses dix figures, Par quoi tout certifie et
nombre, Si ne péust-il pas le nombre Des grans contens cer-
tefier, Tant séust bien monteplier M. 13111. — 166) Prothéus
qui se soloit Muer en tout quanqu'il voloit, Ne sot onc tant
barat ne guile Cum ge fais M. 11338. — 167) Je n'oi pas
vaillant un denier M. 8177 cf. 126. — 168) Bien vesquist tant
que li dent Li fussent chéoit par vieillesce M. 5499.

B. Uebertreibende (hyperbolische) Vergleichungen.

a. Vergleichungen, welche eine übermässige Vergrösserung enthalten.

α. Vergleichung von Personen in Bezug auf ihre Tätigkeiten und Zustände.

169) [Il] s'enfoï plus tost c'uns egles M. 4274. — 170) [Dan-
giers] s'enfui plus tost que cers en lande M. 21652. — 171) [Soiés]
plus vistes que uns escureus M. 20007. — 172) [Soiés] plus
légiers et plus movans, Que ne puet estre oisel ne vans M.
20008. 19759. — 173) Vous soliés avoir les flèvres Cent tens
plus coardes que lièvres M. 15879. — 174) Tant les plumasse
... Que mengier les féisse as vers Et gésir tous nuz es fumiers
M. 13231. — 175) Ge sai tant de repostaille Que plus tost en
un tas de paille, Si m'aist Diex et sains Remi, troveroit un oef
de fremi, Que celi quant repost l'auroie M. 14986. — 176)
N'emporteroit hons vivans Pas tant cum emporte li vens
M. 15358. — 177) [Home] plus grans que dix géans M. 18541. —
178) Essains [de males faines] plus grans que de mousches,
Qui se recuillent en lor rousches M. 8864. — 179) Mès s'il
pooit voler jusqu'as nues Ou si haut lever ses véues, Qu'il
péust d'ilec sans chéoir, Tous les fais des homes véoir, Et
s'apensast tout à loisir Si faudroit-il bien à choisir, En quel
péril il est chéus, S'il n'a tous ses baras véus Por soi garantir
et tenser Dont fame se set porpenser M. 9536.

β. Vergleiohung von leblosen, concreten Gegenständen.

180) Ne féist en nul Paradis Si bon estre cum il faisoit ou vergier L. 644. 639. — 181) Onques en si bel paradis [que ce parc] Ne fu formés Adans jadis M. 20912.

182) Li donnoit autant deniers Com s'el les puisast en greniers L. 1131. cf. 126. — 183) El despent ausinc ses deniers Cum s'el les puisast en greniers M. 8098.

184) Puis Karles le fils Pepin Ne fu ausinc biau pin véus L. 1436. — 185) [La pierre] vosist à un prodomme Miex que trestous li ors de Romme L. 1081. — 186) Se ge véisse ilec plovoir Quarriaus et pierres pelle-melle Ausinc espés comme chiet grelle L. 1795. - 187) Tant estoit cil chans dous et biaus, Qu'il ne sembloit pas chans d'oisiaus, Ains le péust l'en aesmer A chant de scraines de mer L. 673.

188) Autant cum la soris est mendre Que li lions et mains cremue De cors de force et de value, Autant, sachiés en loiauté, Ot cele ymage mains biauté Que n'a cele que tant ci pris M. 21603. — 189) [L'ymage Pygmalion] por néant fust un angelos, Tant est de contenance simple M. 21323. — 190) Onques Hélaine ne Lavine Ne furent de color si fine Ne de si bele façon nées, Tant fussent bien enfaçonnées, Ne de biauté n'orent la disme [de l'ymage Pygmalion] M. 21204. — 191) De cele part est li chastiaus Si fiebles, qu'uns rostis gastiaus Est plus fors à partir en quatre M. 8054. 10178. — 192) Onc plus espès ne noif ne gresle Ne vi voler, que li cop volent M. 15941. — 193) Ovraingne plus soutil, que fil d'araigne M. 13388.

γ. Vergleichung von abstrakten Begriffen.

194) Li tens ... de nous se part et emble Si céléément, qu'il nous semble Qu'il s'arreste adès en un point L. 363. — 195) Ne qu'en puet espuisier la mer Ne porroit l'en les maus d'amer Conter en rommant ne en livre L. 2617. — 196) I avoit d'oisiaus trois tans Qu'en tout le remanant de France L. 482.

197) [Ma parole] est cent tans plus précieuse, Que saphirs, rubis ne balai M. 20241. — 198) Miex vosist puis deux mile mars Avoir perdu dans Vulcanus, Que ceste euvre séust jà nus M. 14483.

b. Vergleichungen, welche eine übermässige Verkleinerung enthalten.

α. Vergleichung von Personen, ihrer Tätigkeiten und Zuständen.

199) Fox est qui en vous s'asséure De garder rose ne bouton, Ne qu'en la queue d'un mouton L. 3690. — 200) Cote

avoit [Avarice] viés et desrumpue, Comme s'el fust as chiens
remese L. 208. — 201) Certes el n'avoit poissance ... ne force
ne sens Ne plus c'un enfés de deus ans L. 392.
202) Certes ge ne vail un bouton M. 8631. — 203) [Il]
ne me priseront un festu M. 9319. — 204) Sans moi prisier
un oef vaillant M. 13173. — 205) Ge ne doi prisier un landon
Moi, mon arc et mon brandon M. 16096. — 206) [De Prodefame il est] mains que de fénis, par ma teste M. 8836. —
207) [De Prodefame il est], voire mains que de blans corbiaus,
Combien qu'el aient les cors biaus M. 8838. — 208) Dix homes
ne redotoit ne que dix pomes M. 9346. — 209) Se c'iert Ovides
ou Omers Ne vaudroit-il pas deus deniers M. 13940. cf. 126.
167. — 210) Tex n'a pas vaillant deus miches, Qui est plus
aèse et plus riches, Que tex a cent muis de froment M. 5098. —
211) Ele ne prise trestous ceus du monde un festu M. 6261.
cf. 203. — 212) Ge ne priseroie trois chiches Socrate M. 7044. —
213) Jus se boute com s'el ne véist goute M. 6277. — 214) S'en
saurés plus que buef d'arer M. 13411.

β. Vergleichung von unpersönlichen, concreten Gegenständen.

215) Ne priseras une prune Toute la roe de Fortune M.
5972. — 216) Lor cors ne vaut une pome Oultre le cors d'un
charruier M. 18909. 19349. — 217) [Diex] ne prise deus festus
[l'abit] M. 12279. cf. 203. 211. — 218) [Letres qui] ne valurent
une tartre M. 13543. — 219) [Chose] ne vaut une guimple
M. 17549.

γ. Vergleichung von abstrakten Begriffen.

220) Tu ne prises un festu ce que ... te sermon M. 4793.
cf. 203. 211. 217. — 221) L'en ne doit pas croire fol home
De la value d'une pome M. 4149. 6681. cf. 216. — 222) Ne
pris mès sa jangle deus pomes M. 12945. cf. 216. — 223) Tex
diz ne vaut deus navez M. 18225.
224) As autres biens ... n'as tu vaillant uns viés lorain
M. 5456. — 225) Ne prisent trésor deus pipes M. 5173. —
226) Ne prise une prune contre amis les biens de Fortune M. 8212.
227) [Argument] ne vaut pas un coutel troine M. 11210. —
228) Ne plus que dam Tibers li chas Ne tent qu'à soris et à
ras N'entens-ge à riens fors qu'à baras M. 11223. — 229) [Les
maus] ne valent un faus denier M. 13345. cf. 126. 167. —
230) [Aquerre] ne vaut pas un grain de mostarde M. 14775. —
231) Tout me vaille Amors un denier M. 4777. cf. 126. 167. —
232) Sa force ne vaut deus pomes M. 5417. cf. 222. — 233) Des-
fendre à boire] ce ne vaudroit un grain de poivre M. 5873. —

234) Vostre orguel ne vaut une coque M. 6646. – 235) El ne prise tout une bille M. 6694. — 236) Ne prisiés trestout une escorce M. 7830. — 237) Tout ne vaut une cive M. 16789. 5458. — 238) Ce qu'el ne prise une chastengne M. 14629.

Anhang.

I. Uebertreibungen (Hyperbeln), welche nicht eine Vergleichung enthalten.

1. Alltägliche Redensarten.

239) Mès si douce mélodie Ne fu d'homme mortel oïe L. 671. — 240) Nule plus bele ne pot estre L. 3846. — 241) Il n'ot si riche en tout le monde L. 3856. — Dieselben und ähnliche Ausdrücke finden sich: L. 549. 554. 806. 820. 862. 1646. 2446. 2931. 2937. 4066.

242) Onc ne fut homs de mère nés Qui de li nul mal entendist M. 12973. — 243) Nus cuers ne porroit penser Ne bouche d'omme recenser Les grans biautés M. 20692. — Dieselben und ähnliche Ausdrücke finden sich: M. 4108. 4173. 5934. 5941. 6268. 7939. 10711.

2. Schätzungen mit Zahlen.

244) Se tu n'en péusses traire Fors seulement un biau salu, Si t'éust-il cent mars valu L. 2386. — 245) Certes, dis fois le jor ou vint Vodroie qu'ele revenist L. 2464. — 246) Cuers ne porroit mie penser, Ne bouche d'omme recenser De ma dolor la quarte part L. 2977.

247) S'éust néis d'iex un millier M. 9276. — 248) [Tost se porroient embatre au las] Cinquante deus douzaines Dedens cinquante-deus semaines M. 7784. — 249) N'en voldroie estre délivres Por cin cens fois cent mile livres M. 21774· — Aehnliche Ausdrücke: M. 7038. 8191. 9405. 10137. 10185. 10220. 12667. 13033. 14911. 22178.

3. Schätzungen mit Ortsnamen.

250) N'avoit jusqu'en Jhérusalen Fame qui plus biau col portast L. 542. — 251) Adont me pris si grant envie Que ne laissasse por Pavie Ne por Paris, que ge n'alasse ... L. 1627. — 252) Bel-Acueil qui vosist miaus Estre à Estampes ou à Miaus L. 3543. 3760.

253) Li plus gentil ... qui fust jusqu'en Constantinoble M. 21128. — 254) Vaudroit or qu'il fust à Miaus, Voire certes en Romanie M. 9531. — 255) Tout nus vodroit estre a Pavie par tel convent que ... M. 12923. — Aehnliche Stellen: M. 5497. 5507. 5927. 9638. 10223. 14832.

avoit [Avarice] viés et desrumpue, Comme s'el fust as chiens
remese L. 208, — 201) Certes el n'avoit poissance ... ne force
ne sens Ne plus c'un enfés de deus ans L. 302.

(146. 130 ....) und andere Ausdrücke, je nach dem Inhalte
des Vergleichs.

Die übertreibenden Wendungen, welche im Anhang zu
§. 10. I zusammengestellt sind, lassen, wie im allgemeinen, das
stilistische Gepräge beider Dichter als gleichförmig erscheinen.
Eine Wendung kommt fast wörtlich gleich bei L. und M. vor
(No. 248 und 246). No. 5 zeigt hier wieder die schon früher
beobachtete Vorliebe von M. für die Litotes.

Abschnitt III. Die Figuren.

§. 11. Wortfiguren.

A. Klangfiguren.

α. Klangfiguren im engeren Sinne.

1) Grassete et gresle, gente et jointe L. 1018. — 2) Metre
veil ... cuers et cors en votre servise L. 1929.
3) Mès puis divers descors s'acordent, Au dieu d'Amors
l'acort recordent M. 10838. — 4) Lobans, lobés et lobéors,
Robe, robés et robéors M. 11862. — 5) Tant vous a doné Diex
sens fin, Que vous estes sages sens fin M. 17024. — 6) Les
biens naturex méismes, Puis que si nous entrevéismes, Por
quoi nos cuers conjoins éumes, Que bien nous entrecognéumes
Car ainçois nous entr'esprovasmes Si que bons amis nous tro-
vasmes M. 8214. — 7) Que mat et mort gisait Mainfrois, Par
chief, par piés et par mains frois M. 6846. — 8) Il résonne,
tabore et tymbre Plus soef que tabore et tymbre M. 6128. —
9) Robes ont gentes et jointes M. 12240. cf. 1. — Weitere,
ähnliche Klangfiguren: M. 6910. 6968. 7030. 7383. 7528. 7556.
7682. 12746. 12979. 18205.

β. Klangfiguren, welche zugleich ein Wortspiel enthalten.

10) Es desloent les aloés, Et si loent les desloés L. 1049.
11) C'est li cercles trianguliers, C'est li triangles circuliers
M. 19454. — 12) Toutes por tous et tous por toutes, Chascune
por chascun commune, Et chascun commun por chascune M.
14207. — 13) Prengne-en paor séurement, Séurté paorese-
ement M. 14652. — 14) Que querés-vous en ceste porprise?

Por prise, douce mère tendre! Nous ne venons pas, por vous prendre M. 12721. — 15) [Amors] c'est loiautés la desloiaus C'est la desloiauté loiaus, C'est raison toute forsenable C'est forsenerie resnable M. 4309. — Aehnliche Beispiele: M. 4295. 6120. 6202. 7146. 7314. 7494. 18865. 19458. 20095.

B. Figuren der Wortwiederholung [1]).

16) El ne fu ne jone, ne chenue, Ne fu trop haute ne trop basse, Ne fu trop megre ne trop grasse. — 17) Ci sourt as gens novele rage … Ci n'a mestier, sens ne mesure, Ci est d'amer volenté pure, Ci ne se set conseiller nus L. 1591.

18) Amors est fors, amors est dure, Amors sostient, Amors endure, Amors revient et tos jors dure u. s. w. L. 4422. 4467. — 19) Jonesce met homme ès folies, Ès boules et ès ribaudies, Ès luxures et ès outrages, Ès mutacions de corage M. 4582. — 20) Nus ne puet Dieu trop loer Ne trop por seignor avoer, Trop criendre ne trop obéir, Trop amer ne trop bénéir … A ce ne puet nus trop entendre M. 7180. — 21) Fuiés, fuiés, fuies, fuiés, Fuiés, enfans, fuiés tel beste M. 16901. 16979. — Oftmalige Wiederholung von »et« am Versanfang: M. 11193. 11199. 18689-18705. 20631. — Oftmalige Wiederholung von »là« am Versanfang: M. 4492, von »ou«: 12051, von »l'autre«: 6077. — Weitere Beispiele von Wortwiederholung: M. 4371. 6486. 6955. 6999. 7078. 7443. 8374. 8732. 8908. 9073. 10228. 11346. 11898. 16581. 17324. 17569. 19338. 21164. 21307.

Von den Wortfiguren macht M., wie ein Blick auf §. 11 zeigt, viel reicheren Gebrauch, als sein Vorgänger. Sie gehören ihm fast ausschliesslich an und unterscheiden seine Darstellung wesentlich, und ziemlich unvorteilhaft, von der L.'s. Besonders gilt dies von den unter β aufgeführten, welche meistens leeres Wortgeklingel enthalten.

Bei der Wortwiederholung (B) offenbart sich wieder M.'s Neigung zur geschmacklosen Uebertreibung, zumal in den Wiederholungen der Wörtchen et, là u. s. w.

Die Verbindung »gente et jointe« kommt bei beiden Dichtern, vor (No. 1 und 9).

---

1) Vgl. Tobler, Vom fr. Versbau. 2. Aufl. Leipz. 1883. S. 137.

§. 12. Sinnfiguren.

A. Figuren, welche dazu dienen, der Rede Lebhaftigkeit zu verleihen.

α. Ausrufe.

22) Por Dieu, dame ... L. 3578. — 23) Amis, dist-il, se Diex m'aïst ... L. 3405. — 24) Dangier, se Diex m'amant ... L. 3269. — 25) Vous faites mal, se Diex me saut ... L. 2940. — 26) Une vielle que Diex honnisse! L. 3930.

27) Par mon chief! L. 2004. 2048. — 28) Par l'ame mon père! L. 2609. — Weitere Ausrufe mit »Diex«: L. 40. 786. 1014. 1302. 1323. 1911. 2053. 2311. 2326. 2503. 2513. 3055. 3381. 3899. 3921.

29) Por Dieu ... M. 8131. — 30) Por la char Dieu M. 14995. — 31) Por le cors Dé M. 7387. — 32) Se Diex m'amant ... M. 4087. cf. 24. — 33) Se Diex me gart ... M. 4130. — Weitere Ausrufe mit »Diex«: M. 4179. 4206. 4803. 5599. 6327. 7346. 7526. 7966. 8615. 10211.

34) Cortoisie me fist-il, voire! M. 4173. — 35) Por le Roi des anges! M. 5439. — 36) Par le biau Roi célestre M. 15340. — 37) Par le cors saint Omer! M. 7264. — 38) Par saint Liefart de Meun! M. 13481. — 39) Par saint Gile! M. 14050. — 40) Par saint Remi! M. 15031. — 41) Par nostre Dame! M. 11552. — 42) Si m'aïst Diex et sains Jaques! M. 11492. — 43) Par le Fiz sainte Marie! M. 8984. — 44) Jà ne m'aïst ne pins ne vins! M. 11803. — 45) Par mon chief! M. 11203. — 46) Foi que doi mon ael! M. 11026. — Aehnliche Ausrufe: M. 4139. 4177. 4203. 4291. 5416. 5420. 6879. 6892. 7521. 7541. 8422. 8486. 8975. 9367. 9435. 10877. 10980. 12666. 13187. 14463. 15140.

β. Rhetorische Fragen.

47) Que vous iroi-je notant? L. 1369. — 48) Que vous iroi-je disant? L. 3969.

49) Cil qui va délit quérant Sés tu qu'il se fait? il se rent M. — 50) Repentir? las! ge que feroie? M. 4165. — 51) Istra! non voir. Par quel proesce Istroit-il de tel forteresce? M. 4137. — 52) Puis-ge voler avec les grues? Voire saillir outre les nues? Cum fist li cine Socratès? M. 5544. — 53) Mi sens n'i porroit soffrir. Mi sens! qu'ai-ge dit? M. 16485. — 54) Que vous puis-ge plus recenser? M. 19368. — Aehnliche rhetorische Fragen: M. 4636. 5538. 6828. 6976. 8209. 8386. 9445. 19108. 19162.

Ferner finden sich bei M. folgende Beispiele von Fragen,
welche den Gedanken weiterführen, indem sie ein vorhergegan-
genes Wort wieder aufnehmen:
55) Fortune ainsinc les me toli ... Toli? par foi, non fist,
ge ment M. 8164. — 56) Les lesse par tout corre. Lesses?
mès ... M. 11304. — 57) Où avés-vous tant demoré? Où?
par mon chief! tost le saurés M. 12903. — 58) Ou diré-ge que
ge le pris? ... Que vous dirès? ... M. 13037.

γ. Anrede.

Anreden an den Leser. 59) Ne vous tenrai jà longue
fable Du leu plaisant et délitable L. 1419. — 60) Dames, cest
essample aprenés ... L. 1515. — 61) Dès or est drois, que ge
vous die L. 3807. — 62) Sachiés por voir ... L. 1373. —
63) Jone chose ne s'esmaie Fors de joer, bien le savés L. 1274. —
64) Jamès n'orrés miex descrivre La vérité de la matère, Cum
ge la vous vodré retrère L. 1608. — Fernere Beispiele: L. 669.
1548. 2067. 2078. 2561. 3001. 3447. 3646. 3779. 3886.
65) Bien sachiés que ... M. 7398. — 66) Enfans qui
coilliés les floretes ... M. 16908. — 67) Sachiés, compains, que
... M. 8159. — Aehnliche Anreden: M. 4541. 4626. 8308.
8390.
Anreden an andere Personen und Gegenstände.
68) A vous, Amors ... sans repentir me fai confès M. 4226. —
69) Hé! douces richesces mortex, Dites-donc, estes-vous or
tex, Que vous faciés bénéurées Gens qui si vous ont emmurées?
M. 5376. — 70) Église, tu es mal-baillie M. 11292. — 71) Si
cum tu fez, las Sisifus M. 19616.

δ. Wechselrede.

72) Congnois-le-tu point? [L'amant:] oïl dame. [Raison:]
non fais. [L'amant:] si fais. [Raison:] de quoi par t'ame?
M. 4267. — Ferner: M. 5599. 7378. 9598. 10556. 11536. 11724.
11836. 13030.

B. Figuren, welche eine Erweiterung oder Bekräftigung des Gedankens bezwecken.

α. Epitheta [1]).

73) La bouchete colorée L. 2669. — 74) La simple contenance L. 2708. — 75) Les yex ot vairs L. 811. — 76 Cheveus
ot blons L. 813. 1011. 1018.

---

1) Die hier angeführten Epitheta wiederholen sich meistens häufig.

77) Diex *li Pères* M. 17267. 20586. — 78) Diex *li crucefis* M. 19526. — 79) Diex *li verois* M. 6771. — 80) Diex *li droituriers* M. 5184. — 81) Fortune *la meschéans* M. 5068. — 82) Fortune *la sémilleuse* M. 6982. — 83) Jalousie *la grifaigne* M. 13015. — 84) Cerbérus *le ribaut* M. 20125. — 85) Amors, *li bons archiers* M. 13386. — 86) *Large* cuer M. 6712. 6715. Ferner: M. 6216. 6776. 10352. 10572. 10616. 10806. 13111.

In der Anrede: 87) *Biau* père ... M. 6644. — 88) *Biaus dous* Amis M. 7378. 7936. 8140. 8310. 8315. 9309.

β. **Attribute und stehende Zusätze** [1].

89) Fortune a *une roe* qui torne L. 3996 u. s. f. — 90) M'en alai *grant aléure* L. 513. 3123 u. s. f. — 91) Cele *au cler vis* L. 2450 u. s. f. — 92) ... *Par grant mestrise* ... L. 3844 u. s. f. — 93) La bele, *que Diex garisse* L. 3518 u. s. f. 94) [Fortune] ne feroit ... le tour de *sa roe* volent M. 5468. 6028. 6751. 6982 u. s. f. — 95) [Nature] dedens *sa forge* entrée estoit M. 16214. 16328.

γ. **Häufung von Synonymen.**

96) Briément fu jonete et blonde, Sade, plaisant, aperte et cointe, Grassete et gresle, gente et jointe L. 1018.

97) Cuer large et ample M. 5344. — 98) Par barat estuet barater, Servir, chuer, blandir, flater, Par hours, par adulacions, Par fauces simulacions, Et encliner et saluer M. 7528. — 99) Autres joélés petis, Cointes et biaus et bien fétis M. 7578. — 100) Loés toutes ses contenances, Et ses ators et ses semblances M. 7918. — 101) Ains fiert et frape et roile et maille Cele qui brait et crie et braille M. 9516. — 102) Karoler, dancier et baler M. 10224. — 103) Bret et crie et noise et tence. M. 12533. — 104) Tout frémist, Et tremble et tressaut et gémist M. 13000. — 105) Li maus trichierres, Li faus, li desloiaus, li lierres M. 13576. — 106) Li biaus, li douz, li prémerains M. 17457. — Weitere Häufungen dieser Art: M. 5706. 6110. 6273. 6843. 7072. 7074. 7126. 7127. 7245. 7248. 7378. 7491. 7721. 7884. 7898. 8107. 8154. 8354. 8415. 8509. 8726. 9318. 9409. 10177. 10768. 11024. 11042. 11460. 13659. 18203. 20157.

δ. **Sentenzen und Sprichwörtliches.**

107) Vous savés bien qu'au premier cop Ne cope l'en mie le chesne, Ne l'en n'a pas le vin de l'esne Tant que li pres-

---

1) Es sind hier nur einige zur Charakteristik des Stils angeführt.

soirs soit estrois L. 3424. — 108) Ce sevent bien sages et musart: Qui plus est près du feu, plus art L. 2369. — 109) Ce oï dire en reprovier, Que l'en ne puet fere espervier En nule guise d'un busart L. 3711.

110) Grans biens ne vient pas en poi d'ore, Il i convient poine et demore L. 2039. — 111) Bele robe et biau garnement Amendent les gens durement L. 2153. — 112) Qui toutes hores son cuer croit, Ne puet estre, qu'il ne foloit L. 3083. — 113) Qui félon sert, itant en a L. 194. — Weitere Sentenzen: L. 2063. 2611. 2972. 3422.

114) La robe ne fait pas le moine M. 11211. — 115) Tout n'est pas évangile Quanque l'en dit aval la vile M. 12598. — 116) L'en seult dire, et voirs est sens faille, Que trop est fox, qui son nez taille M. 16850. — 117) Parole une fois volée Ne puet plus estre rapelée M. 16864. — 118) Vérités ne quiert nus angles. — 119) Fai tant, que tex envers tous soies Cum tous envers toi les vodroies. Ne fai vers autre, ne porchace, Fors que tu veus, qu'en te face M. 5576. — 120) Grans biens ne vient pas en poi d'hore, Ainsi convient metre demore M. 4195. — 121) Tous jors aime qui est amis M. 5049. — 122) Sages hons son maltalent cuevre M. 7482. — 123) Moult est plus tost proie achevée, Quant par plusors mains est levée M. 14044. — 124) Bons cuers fait la pensée bone, La robe n'i tolt ne ne done M. 11272. — 125) Bon fait, prolixité foïr M. 18615. — 126) Soffisance fait richèce, Et convoitise fait povrèce M. 18882. — 127) Assés s'eschaufe qui bien euvre M. 20017. — 128) Amors vainc tout M. 21715. — Weitere Sentenzen: M. 4107. 7011. 8115. 8128. 8144. 8281. 8404. 8590. 16971. 18936.

Von den Sinnfiguren bevorzugt M., L. gegenüber, besonders rhetorische Fragen (§. 12. A. β), Wechselrede (§. 12. A. δ) und Häufung von Synonymen (§. 12. B. γ). Alle drei Formen dienen ihm dazu, seinen didaktischen Erörterungen grössere Lebhaftigkeit zu verleihen. Die Häufung synonymer Worte übertreibt er wieder in geschmackloser Weise.

Häufiger Gebrauch des Ausrufs (§. 12. A. α) und der Anrede (§. 12. A. γ) charakterisirt beide Dichter. Wie ein Blick auf No. 22—33 zeigt, finden sich die gleichen oder ähnliche Ausrufe bei L. und M., doch zeigt letzterer auch hier das Bestreben, mannigfaltig und ungewöhnlich zu sein (No. 34—46).

Eine oft vorkommende Form der Anrede ist bei beiden Dichtern das einleitende »sachiés«.

Der »Fortune« geben beide Dichter ein Rad als Attribut (No. 89 und 94). Unter den Sentenzen ist eine L. und M. gemeinsam (No. 110 und 120).

Werfen wir nun einen vergleichenden Rückblick auf den Stil unserer beiden Dichter und versuchen wir, das Hauptergebnis unserer Betrachtung zusammenzufassen.

Das stilistische Gewand des Roman de la Rose ist die Allegorie. Der wahrhaft poetische Ausdruck tritt dagegen sehr zurück. Wo wir ihn aber antreffen, finden wir ihn meist in der Sphäre des Gewöhnlichen. Aus dieser tritt nur Jean de Meung hier und da heraus in seiner Vorliebe für geschraubten und barocken Ausdruck. Die Darstellung des Guillaume de Lorris kann man im allgemeinen. schmuckloser nennen, als die seines Fortsetzers; letzterer macht reicheren Gebrauch von stilistischen Kunstmitteln.

Die verkürzte Form des Vergleichs, die Metapher, und die eigentliche Vergleichung treten im Roman de la Rose ziemlich in gleichem Masse auf. Die erstere wendet Guillaume de Lorris verhältnissmässig häufiger an, während Jean de Meung mehr zur ausführlichen Vergleichung neigt. Besonders aber kennzeichnet den Stil des letzteren der häufigere Gebrauch der Figuren.

Wollte man versuchen, kurz auszusprechen, welchen Eindruck der Stil des Jean de Meung dem seines Vorgängers gegenüber macht, so dürfte das Urteil lauten: Jean de Meung überflügelt Guillaume de Lorris an Kühnheit des Ausdrucks und Lebhaftigkeit der Sprache, man wird ihm aber den Vorwurf machen müssen, in den Verzierungen seines Stils öfters die Grenzen des Mass- und Geschmackvollen überschritten zu haben.

Inhaltsangabe.

....

---

1) Ueber die Verszählung in meiner Abhandlung sei hier bemerkt:
Die Verszählung des Rom. d. l. Rose in der zu Grunde gelegten Ausgabe
von F. Michel ist sowohl durch viele Druckfehler unrichtig geworden,
wie auch dadurch, dass M., wo der Vers durch Wechselrede (wie z. B.
v. 4267) unterbrochen ist, jedes eine besondere Zeile einnehmende Vers-
stück als besonderen Vers rechnet, also z. B. V. 4267, 4268 fünf Verse
zählt, wo metrisch nur zwei vorhanden sind. Infolgedessen hielt ich
eine durchweg neue Zählung für nötig.

Vers 3156 fehlt bei Michel; nach der Ausgabe von Méon heisst er:
»c'est la chose qui plus li plese«. Infolge dessen ist meine Zählung
von 3156 — 3294 der seinen um einen Vers voraus.

Vers 3295—3408 stimmen beide wieder überein, da Michel V. 3269
als zwei Verse gezählt hat.

Von V. 3408 an ist die Zählung von Michel der meinigen um 600
Verse voraus. Statt 3408 ist bei Michel irrtümlich 4008 gedruckt.

Die weiteren Abweichungen der Michel'schen Zählung von der
meinigen giebt die folgende Tabelle an. Wo bei den Michel'schen Zahlen
eine Zahl mit »statt« in Parenthese steht, beruht die Differenz auf einen
Druckfehler in der Ausgabe von Michel, im übrigen auf der oben er-
wähnten verschiedenen Zählweise.

	Michel.			Michel.
v. 3528 (+ 599)	4127 (statt 4128).	v. 4511 (+ 602)	5113.
» 4116 (+ 598)	4714 (st. 4715).	» 5604 (+ 603)	6207.
» 4186 (+ 599)	4785 (st. 4784).	» 5620 (+ 606)	6226.
» 4271 (+ 602)	4873.	» 5637 (+ 607)	6244.
» 4293 (+ 603)	4896.	» 5660 (+ 608)	6268.

Michel.		Michel.	
v. 5884 (+ 609)	6493.	v. 13044 (+ 620)	13664.
» 7005 (+ 608)	7613.	» 13996 (+ 621)	14617 (st. 14616).
» 7190 (+ 610`	7800 (st. 7798).	» 14031 (+ 626)	14657 (st. 14652).
» 7400 (+ 611)	8011.	» 14832 (+ 627)	15459 (st. 15458).
» 7677 (+ 610)	8287 (st. 8288).	» 15144 (+ 618)	15762 (st. 15771).
» 8264 (+ 609)	8873 (st. 8874).	» 15305 (+ 619)	15924 (st. 15923).
» 8415 (+ 608)	9023 (st. 9024).	» 15698 (+ 618)	16316 (st. 16317).
» 9176 (+ 607)	9783 (st. 9784).	» 15880 (+ 617)	16497 (st. 16498).
» 9608 (+ 609)	10217.	» 15996 (+ 616)	16612 (st. 16613)
» 9865 (+ 608)	10473 (st. 10474).	» 16210 (+ 617)	16827.
» 10123 (+ 607)	10730 (st. 10731).	» 16524 (+ 617)	17141 (verdruckt
» 10560 (+ 609)	11169.		1714).
» 10575 (+ 612)	11187.	» 16590 (+ 618)	17208.
» 11097 (+ 613)	11710.	» 17818 (+ 618)	18436 (verdruckt
» 11393 (+ 611)	12004 (st. 12006).		1436).
» 11528 (+ 612)	12140.	» 18754 (+ 617)	19371(st. 19372).
» 11726 (+ 614)	12340.	» 18789 (+ 616)	19405 (st. 19406).
» 11805 (+ 616)	12481.	» 19196 (+ 615)	19811 (st. 19812).
» 11894 (+ 617)	12511.	» 19894 (+ 616)	20510 (st. 20509).
» 11948 (+ 618)	12566.	» 19999 (+ 615)	20614 (st. 20615).
» 12078 (+ 617)	12695 (st. 12696).	» 21102 (+ 614)	21716 (st. 21717).
» 12329 (+ 616)	12945 (st. 12946).	» 21235 (+ 616)	21851 (st. 21849).
» 12509 (+ 617)	13126.	» 21319 (+ 615)	21934 (st. 21935).
» 12663 (+ 618)	13281.	» 21832 (+ 618)	22450 (st. 22447).
» 12809 (+ 619)	13428.	» 21859 (+ 626)	22485 (st. 22477).

Seite

β. Vergleichung von unpersönlichen, concroten Gegenständen 34
γ. Vergleichung von abstrakten Begriffen 34
Anhang. I. Uebertreibungen (Hyperbeln), welche nicht eine Vergleichung enthalten 35
1. Alltägliche Redensarten 35
2. Schätzungen mit Zahlen 35
3. Schätzungen mit Ortsnamen 35
4. Verschiedene übertreibende Ausdrücke 36
5. Ausdrücke, welche eine übermässige Verkleinerung
enthalten 36
II. Anspielungen 36

- Abschnitt III. Die Figuren.

§. 11. Wortfiguren 38
A. Klangfiguren 38
α. Klangfiguren im engeren Sinne 38
β. Klangfiguren, welche zugleich ein Wortspiel enthalten 38
B. Figuren der Wortwiederholung 39
§. 12. Sinnfiguren 40
A. Figuren, welche dazu dienen, der Rede Lebhaftigkeit zu
verleihen 40
α. Ausrufe 40
β. Rhetorische Fragen 40
γ. Anrede 41
δ. Wechselrede 41
B. Figuren, welche eine Erweiterung oder Bekräftigung des
Gedankens bezwecken 41
α. Epitheta 41
β. Attribute und stehende Zusätze 42
γ. Häufung von Synonymen 42
δ. Sentenzen und Sprichwörtliches 42

Register zu den Metaphern und Vergleichungen.